创意选择

CREATIVE SELECTION

[美]肯·科钦达(KEN KOCIENDA)_著
高源_译

中信出版集团 | 北京

图书在版编目（CIP）数据

创意选择 / (美) 肯·科钦达著; 高源译. -- 北京:
中信出版社, 2019.11
书名原文: CREATIVE SELECTION
ISBN 978-7-5217-0921-6

Ⅰ.①创… Ⅱ.①肯… ②高… Ⅲ.①苹果公司—产
品设计 Ⅳ.①F471.266

中国版本图书馆CIP数据核字（2019）第227934号

创意选择

著　　者：[美] 肯·科钦达
译　　者：高源
出版发行：中信出版集团股份有限公司
（北京市朝阳区惠新东街甲4号富盛大厦2座　邮编　100029）
承 印 者：北京盛通印刷股份有限公司

开　　本：880mm × 1230mm　1/32　　印　　张：9.25　　字　　数：200千字
版　　次：2019年11月第1版　　印　　次：2019年11月第1次印刷
京权图字：01-2019-3321　　广告经营许可证：京朝工商广字第8087号
书　　号：ISBN 978-7-5217-0921-6
定　　价：68.00元

目 录

第 1 章 向乔布斯做示例演示

一阵震动声传来，我低头看向握在手中的iPhone，在过去半小时里，我一直紧张地把它在两手之间倒来倒去。而此刻，我终于收到了这条一直苦苦等待的信息：

“现在可以过来了。”

我立即回复：“好的。”

第 2 章 初入苹果

苹果的上级主管们正在焦急地等待我们的消息——一份简介、一种进步的迹象，或者任何可以说明我们取得进展的消息。很久之后我才知道，斯科特当时已经开始怀疑我们是否能胜任了，很庆幸当时的我并不知道，因为在无法做出任何突破的一个月后，我自己已经感受到了巨大的压力。

第 3 章 第一次“尤里卡时刻”

我冲进走廊去找唐。当我们回来时，我关闭浏览器，然后重新加载雅虎主页。在同样的停顿期间，我们屏住呼吸……接着我们看到了同样的黑色长方形。我们的浏览器终于开始做点儿什么了！

第 4 章 乔布斯要的是速度更快

直至今日，我仍清晰地记得那一刻我手中湿冷的感觉，史蒂夫向大家郑重宣布：苹果已经开发了自己的网络浏览器。一瞬间，我们的超级秘密——这个开发周期长达 18 个月的项目——成了众所周知的事情。史蒂夫向大家宣布，Safari 加载网页的速度比 IE 浏览器快了不只一点儿，而是整整三倍。

第 5 章 困境中的挣扎

在发布Safari后不久，我就陷入了自己经历过的最大难题，而刚好我又在那时遭遇了几乎断送我苹果生涯的重大挫折。在解决这些难题的过程中，我学到了关于在苹果内部进行合作的重要一课。

第 6 章 神秘的 Purple 项目

亨利和我见面时，我告诉他，自己希望立刻卸下同步服务工作的担子。尽管如此，亨利依然保持冷静。他说这实在太突然了，需要把更多的信息传达给斯科特，以便他们做出决定。就在此时，我提到了那个超级秘密的项目，并提到如果能被调到那个项目，我可能就不会因为谷歌而离开苹果。

第 7 章
第二次“尤里卡时刻”

格雷格向我发牢骚，就像一个纽约人在喧闹的棒球比赛中试图吸引流动汉堡摊贩的注意力一样：“啊……拜托，肯！你不能在一个按键里只放一个字母吗？”
我快速地思考了一下他的话。他希望我能将键盘变成一按键一字母的形式。我回头看向白板，计上心来。我对格雷格说：“没错，也许我可以做些什么。”

第 8 章
收敛阶段

“收敛”是用来特指苹果产品开发最后阶段的术语。进入收敛阶段意味着我们已经对即将成形的软件的运作方式有了清楚的了解；还意味着最困难的阶段已经过去——我们已经在很大程度上成功地将概念变成产品了。

第 9 章 革命性产品：iPhone

当史蒂夫在 2007 年的 Macworld 上的演讲进行到第 41 分钟时，他开始正式向大家介绍 iPhone。他点击鼠标，屏幕上出现了一个遮住太阳的苹果品牌标志，接着他说："我从两年半前就在期盼着这一天的到来。在这个世界上每隔一段时间就会诞生一款改变一切的革命性产品。"

第 10 章 最后一次做示例演示

我向他建议也许应该向史蒂夫再做一次示例演示，在交付 iOS 5 之前，他可以再给我们一点儿反馈。亨利摇了摇头，对我说："此时此刻，我想我们应该自己决定多任务手势的最终版本了。"

前言

创造卓越软件的方法——创意选择

这本书记录了我在苹果15年的奋斗经历，你将看到我在这15年中为开发卓越的软件而付出的努力，以及与之相关的故事和我的一些观察。如果你想了解给史蒂夫·乔布斯做示例程序演示的场景和实际体验，或者iPhone（苹果手机）的触摸屏键盘为什么会变成现在的样子，或者是什么塑造了苹果的独特文化，请继续读下去。

我会告诉你当一名苹果软件工程师是怎样的体验：在一家要求严苛的公司工作，我们必须承担其中的压力和喜悦；在与孤独为伴、殚精竭虑、不断敲打键盘并成功地让计算机增加了新功能后，我们这群开发者又会从内心迸发出欣喜和激动。

作为苹果程序员团队的一员，我将与你分享这个群体的故事：一小群极其内向的程序员是如何在仅有梦想、目标的情况下，不断发挥聪明才智，创造出网络浏览器以及触屏手机操作系统的。

此外，我还将介绍，作为整个苹果产品开发体系的一部分，程序员们是如何配合其他相关人员的工作的。比如，你会了解当设计师将软件的视觉效果和质感变得更加精致、优雅时，我们感受到的喜悦；你也会感受到在向同事、主管和不停地提出“无理”要求的高管们展示工作时，我们承受的重压。

按照苹果的方式打造产品需要很多方面（工业设计、硬件工程、市场营销、法务以及管理一个庞大的全球供应链等）的努力，但要理解什么成就了苹果，什么是苹果真正的精髓，我认为关键在于理解软件。我将带领你走进这个程序员的栖息地，你会看到软件从一堆草稿纸中逐步诞生的过程，以及我们怎样赋予它们灵魂。其他公司可能也会设计外表美观的硬件、在市场营销上投入重金、聘请优秀的律师、大规模制造相关配件，但没有哪家公司像苹果一样，用卓越的技术和匠心把软件打造得如此直观，如此富有趣味。如果说苹果产品有什么神奇的魔力，那么它一定是软件的功劳，而我将讲述我们是如何创造苹果公司历史上一些最重要的软件的。

当我 2001 年刚进入苹果时，台式计算机和笔记本电脑仍是公司最重要的产品。此时，在经历了 11 年的“流放”后，史蒂夫·乔布斯已经回归苹果 4 年了。尽管当时刚推出的彩色 iMac（苹果电脑）已经使苹果成功地重新回到高科技领域中产品设计的领先地位，但在微软主导的市场中，苹果产品的占有率还不到 5%。当时的苹果发烧友依然活跃，也热衷于苹果推出的产品，然而对于大多数普通消费者而言，Mac 电脑是一台他们离开大学校园、走入社会后就再也不会使用的计算机。

在我入职苹果公司 4 个月以后，情况开始发生变化。iPod（苹果公司设计和销售的系列便携式多功能数字多媒体播放器）的发布对我和其他人来说都是一个惊喜，iPod 成为苹果产品由计算机开始转型为个人科技产品的强劲推动力。iPod 的成功为公司赚来了现金和更为宝贵的信心，这些现金和信心支持了其后一系列影响深远的产品的开发及问世。这一发展趋势不断强化，并随着 iPhone 的推出到达顶峰。iPhone 使苹果公司从科技领域里一个可有可无的小角色，成功跻身全球赢利能力最强的企业之一。

我很荣幸能够成为苹果黄金时代的建设者和见证者，在一间小会议室就足够容纳 iPhone 这个秘密项目的全体软件工程师和设计师的时候，我就已经是其中一员了。如果你问我与第一台 iPad（苹果平板电脑）有关的事情，我可能会把它称为 K48——在史蒂夫·乔布斯和市场营销部门敲定正式产品名称之前，开发人员对其使用的内部代码。就在我写本书前言的时候，几亿用户都在使用苹果的产品，如果把基于 Safari（苹果浏览器）内核开发的一些在 Windows（微软操作系统）及安卓系统上运行的浏览器的用户也算上，苹果产品的用户总量早已超过 10 亿，甚至可能达到了 20 亿。

但我们从未把这个庞大的数字放在心上，因为我们的注意力全部集中在各种各样的细节上。在苹果工作的每一天，你都像在一所专注于设计专业、以高科技和产品创造力为核心课程的大学里读书，你做好准备，以应对随时可能出现的考试。我们始终处于高强度工作的状态，坚持将每一件事情做到极致，尽管不是刻意地这样做，但经过日积月累，我们探索出了一种对开发卓越软件非常有效的工作方法。

我希望与读者分享这种方法，在这里我会详细阐述我们的工作方法。在讨论这个话题之前，我总结了对苹果软件的成功有重要影响的 7 个要素。

（1）灵感：发挥想象力，大胆设想什么是可能实现的。

（2）协作：与他人保持良好的合作，互通有无，优势互补。

（3）技艺：反复实践直到取得高质量的结果，精益求精。

（4）勤奋：坚持做看似枯燥却必要的重复性工作，不要依赖走捷径，也不要在努力程度上打折扣。

（5）决断力：做果断的决策，拒绝推迟或拖延。

（6）品位：培养敏锐的判断力，寻找能使整体达到和谐愉悦的平衡点。

（7）同理心：尝试从他人的视角观察世界，创造适应他们的生活、满足他们的需求的优秀产品。

在苹果，没有任何一本公司指南会写明以上内容，没有人为新员工总结这个清单，也没有谁会在苹果公司位于加利福尼亚州库比蒂诺总部的墙上看到号召大家“精诚协作”的标语。相反，我们认为，将一套固定的方法强加到每个人身上，反而可能会扼杀其本身存在的我们始终孜孜以求的创新能力。因此，我们的工作方法是在工作过程中潜移默化地影响彼此和传承下去。这种传承自上而下，来源于最顶层的毋庸置疑的权威——永不妥协的史蒂夫·乔布斯；同时也自下而上，来源于一群你可能从未听说的设计师和程序员，而我要讲述的就是关于他们的故事。

你翻开本书的原因可能多种多样，或者你想从业务一线的视角了解这家公司是如何运作的，或者你想了解你最喜欢的苹果产品背后的开发故事，或者你想探究一下苹果软件开发过程中的神秘技艺。但是，如果你把本书当作“让苹果成为伟大公司的 7 个要素”之类的指南来读，我希望你在阅读的过程中能够意识到，在条条框框的约束下行事绝非苹果的工作方式。

虽然上述7个要素是在我们日常工作的基础上提炼出来的，但它们代表了长期的探索。我们在工作过程中形成的创造性方法是本书要介绍的重要内容之一。所有的软件工程师都全身心地投入产品开发，随着时间的推移，我们会逐步探索出一种开发卓越软件的方法，这是一个进化的过程，是我们以目标为导向并集中精力解决当下问题的努力的结果。我们从未指望自己在某一个瞬间灵光乍现，立刻解决棘手的问题，事实上，我们几乎没有经历过类似的尤里卡时刻。你在后文中可以看到，即便是在我经历了两次重大突破后，也没有人在苹果公司的园区里面像阿基米德一样裸奔。在现实世界里，我们作为一个团队，一步一步有计划地前进，从提出问题到产品设计，到样品演示，再到产品发布，我们采用新概念并尝试各种各样的方法，以求尽善尽美。我们将7个要素排列组合，针对不同的情况提取其中的某几个“分子”为我们所用。比如，在制作初始示例程序时，我们需要灵感和决断力；在给团队成员提供某个具体问题的反馈时，我们需要将协作、技艺和品位结合起来；而在开发消费者能够轻松使用的软件时，勤奋和同理心则是必不可少的。除了充分运用7个要素的排列组合，我们还会在其中添加一些个性化的因素、一点儿属于我们自己的东西，就像漫威动画里的“额外维度魔神”一样，通过将我们的目标、想法、努力，以及所有要素和“分子”融合在一起，我们总结了自己的方法，这种方法被我称为创意选择。

第 1 章

向乔布斯做示例演示

一阵震动声传来，我低头看向握在手中的 iPhone，在过去半小时里，我一直紧张地把它在两手之间倒来倒去。而此刻，我终于收到了这条一直苦苦等待的信息：

“现在可以过来了。”

我立即回复：“好的。”

一阵震动声传来，我低头看向握在手中的 iPhone，在过去半小时里，我一直紧张地把它在两手之间倒来倒去。而此刻，我终于收到了这条一直苦苦等待的信息：

“现在可以过来了。”

我立即回复：“好的。”

我当时正在位于加利福尼亚州库比蒂诺市的苹果总部“无限循环”2 号办公楼的会议区等候通知，在收到信息前，我坐在椅子上，手肘撑在膝盖上，身体前倾。尽管皮质的椅子非常舒适，我的内心依然惴惴不安。信息已送达，我第一时间起身离开座椅，将 iPhone 放回口袋，快速穿过一条安静的走廊，在一间被称为密室的会议室门口驻足。这扇门被打开之后，我将向史蒂夫·乔布斯展示我最近更新的示例程序。

史蒂夫可以预言未来

2009 年夏末，我正在为当时尚未命名的一款平板电脑开发软件原型。两年多以前，苹果正式推出了 iPhone，正如它一经问世便俘获了电子产品发烧友的目光一样，iPhone 不断地在大众市场上攻城略地，销售额的增长气势如虹。现在，新的任务——为这一划时代产品的后续升级产品提供软件支持——又落在我们 iOS 软件开发团队的身上。

其实，我本人从 2005 年开始就参与了 iPhone 的研发，在此期间我经历了重重磨难，最终柳暗花明，这些经历我会在第 6 章中与大家分享，我当时的职责是开发键盘操作软件，该项课题的重中之重正是我负责的自动纠错功能，这一功能可以将你输入的 zhen'qur 自动纠正为 zheng'que。

在 iPhone 的研发过程中，我们很慎重地将键盘操作软件认定为一个科研课题。当着手开发 iPhone 的触屏操作系统时，我们根本不知道在一片小小的触摸感应玻璃上打字是否具备技术上的可行性，也就是说，我们所做的一切很可能是徒劳的。尽管今天虚拟键盘已随处可见，但当时以黑莓为代表的主流智能手机都配备具有真实击打触感的巧克力键盘，而 iPhone 要配备的是对指尖触摸毫无反馈的极小的虚拟按键。

因此，有效的自动纠错功能十分重要，我自始至终都在担心自己撰写的纠错代码会让 iPhone 成为科技圈的又一个笑柄。没有一个苹果员工想重蹈 Newton（苹果公司于 20 世纪 90 年代推出的个人数字助理产品）的覆辙，这个在 20 世纪 90 年代曾被苹果寄予厚望的 PDA（个人数字助理）产品在问世后惨遭滑铁卢，一蹶不振后再无东山再起之日，究其原因，有一大部分要归咎于乏善可陈的文字输入系统，Newton 未能像它曾被期待的那样成为普罗大众不可或缺的数码伙伴。

苹果公司无处不在的保密制度使我的开发任务更加复杂，“Purple”（紫色）是 iPhone 项目在研发时的内部代码，与 Purple 相关的所有细节均受到了必要的信息保护。2007 年 1 月，在史蒂夫的公开演讲前，几乎没有人有机会试用 Purple，甚至不能看一眼 Purple 的操作系统，所以我的键盘项目被视为一个真正的科研课题，在面向消费者之前，我只能在很少的内部使用者口中获得极其有限的反馈信息，这几乎相当于在 iPhone 上市后才开始在大范围人群中做大规模的使用试验。也许你现在能够理解我的紧张了。

站在“密室”门口，我无暇回顾由 iPhone 紧张的开发周期带来的压力，我的注意力集中于当下的任务——给史蒂夫做最新版本的示例程序演示。这个将在随后被命名为 iPad 的平板电脑会使用与 iPhone 相同的操作系统，但 iPad 的屏幕更大，这一变化会给键盘操作带来一系列新挑战，我已经做好了其中一个难题的解决方案，并将其展示出来。这样的示例程序演示贯穿了整个苹果软件的开发过程，是一切开发工作的基础。正如我现在正在讲述的 iPad 软件演示案例一样，你会在本书里看到各种各样的示例程序演示的故事。

在开发 Purple 智能手机的过程中，我从未向史蒂夫做过示例演示——在组织架构里级别更高的人会承担这项任务。显然，虚拟键盘在 iPhone 上的成功运用提升了我在公司内部的地位，尽管我的上级并未明说，但在我的能力被事实证明后，他们邀请我与史蒂夫见面的举动使我确信，正是这一功劳让我获得了当面向这位大名鼎鼎的首席执行官史蒂夫·乔布斯汇报的资格。

这是我第二次向史蒂夫做示例演示——第一次发生在短短几个星期之前，当时我向他展示了为 iPhone 4 设计的准备在高分辨率视网膜屏幕上显示的字体选项，那次演示非常顺利，我的再次受邀让我认为自己已经进入需要定期向史蒂夫演示示例程序的核心开发团队，我并不清楚有资格进入这个小圈子的人到底有多少，但我相信人数并不多，可能只有几十。当然，其中还有更核心的小圈子，因为当我还站在走廊等待进入密室的指示时，里面已经有人与史蒂夫促膝长谈了。

史蒂夫是公司里所有圈子的中心。5 年来，他两次因身体原因休假，此时他刚刚结束第二次休假，回归公司数月。在身体状况允许时，他会亲自做出关于产品的一切重要决定。不间断地进行示例评审就是他决定苹果软件的界面、观感以及功能的最主要方式。

作为程序员，我感觉为史蒂夫做演示就像参拜德尔斐神谕一样，示例演示就是我提出问题，而史蒂夫的回复就是最终的答案。不过人们从神谕中得到的往往是令人困惑的隐喻，而从史蒂夫那里得到的则是直截了当的结论和要求，他的回答始终明确而清晰，要么会批准你的示例演示，要么会明确要求下一次他要看到完全不同的东西。尽管如此，“史蒂夫之谜”依然存在，无论你的工作成果多么完美，或者在他之前的初步审查中进展得多么顺利，你永远都不知道他会产生怎样的反应。有时，他会表达自己对一件事物的喜爱或憎恶，但话音未落便更改了结论；有时，这种想法上的改变会发生在一两天之后；有时，一旦他的意见表达了出来，很多年都不会改变。

史蒂夫的情绪也难以捉摸。在任何时候，他都可能因为自己不喜欢你的示例而对你大声斥责，没有人能幸免于此——无论是与他朝夕相处的高管还是像我这样默默无闻的程序员。这是向史蒂夫直接汇报必须付出的代价，你要么接受，要么干脆放弃面对面演示的机会。任何人要想在这辆极端情绪的过山车上坚持下来都不容易，的确有人会求饶。一位才能非常出众且经验丰富的同事直接跟我说，他正是因为无法忍受史蒂夫在面对面会议中表现出的待人方式，才拒绝再次为史蒂夫当面演示示例程序。尽管我的这位朋友对史蒂夫的脾气颇有怨言，但他仍然尊重和欣赏史蒂夫对产品的品位和商业判断。

虽然史蒂夫的观点和情绪很难预测，但他对产品的热情是完全可以预测的。他希望苹果的产品能做得很好，因此他坚持参与整个过程，通过他的评论来指导产品的发展。正因为这样，我才等着给他看我的演示。他想看看我最近的进展，然后用他的反馈和建议把工作推向他理想中的水平。

毫无疑问，作为新产品线中用户界面的重要元素，我们研发的平板电脑键盘必须得到史蒂夫的亲自验证和批准。每一次评审时，他都会非常详细地说明下一次他想要看到的成果，比如“在这两个元素之间增加一点儿空间”，或者是“把这张图表里面的绿色替换成蓝色”，或者是“这些统统都不行，下次要给我更多的选择”。更多时候，他试图让产品尽可能地直观和简洁，为此他愿意付出时间和努力，并愿意通过施加影响力来保证这一点。通过评审示例程序，提出具体的改进要求，重审反复更新后的示例程序，给出最终的肯定意见，史蒂夫能够将产品变成他想要的样子。就像传说中的神谕一样，史蒂夫可以预言未来。

进入密室

一阵门把手转动的声音传来，我朝密室的方向看去，门只开了一条缝，一丝光亮从密室的门缝中露出，照亮了昏暗的走廊。在我的眼睛适应了光源后，我看到了 iOS 工程副总裁亨利·拉米雷斯那张微笑的面孔。亨利将门开到刚好足够脑袋探出来的角度，即便到了这一刻，我还是没能理解这个戏剧化的姿势到底是什么意思。我们都知道，当史蒂夫在密室里做示例评审时，汇报人需要静悄悄地进出。但现在不是解惑时间，我走向门口，心中感到一阵紧张。

亨利的岗位职责要求他既与史蒂夫等公司高层沟通，又与我这样的程序员互动。他带领的软件工程师团队既要为 iPhone 自带的应用软件（信息、邮件、日历、Safari 浏览器等）负责，又要向世界各地的程序开发者提供软件开发工具包，使程序能够在 iOS 应用程序商店上架销售。史蒂夫需要亨利去传达示例评审会议的决定，亨利因其标志性的自信和谦虚而胜任这个角色。他蓄了满脸的胡须并经常打理，在苹果工作了20多年，他的胡须变得不再乌黑，像是撒上了盐和胡椒粉。他是一位口音很重的法国人，有时我仅能通过上下文来理解他表达的意思，他的有些英文单词的发音听起来很奇怪。我感觉最有趣的是build（构建）这个单词，亨利在说这一通用的编程术语时，我听到的总是bweeld。

几星期前，亨利再次成为我的直接上司，之所以说“再次”，是因为几年前，在iPhone项目尚未开展的时候，我曾向他汇报工作，当然那时我们俩的职位都与现在不同。一个很偶然的机会，我亲眼见证了亨利在强压状态下仍能保持冷静和耐心的能力，这个小插曲将在后面与各位分享。

这么多年来，我一次又一次地感受着他的冷静。在向史蒂夫做示例演示的过程中，无论气氛多么紧张，他都始终保持镇定并一直微笑。亨利是程序员团队和公司里最难取悦的领导者之间的缓冲地带，他将高层指示中难以入耳的苛责进行过滤，然后传达至每位程序员。如果他对我说“我刚听说史蒂夫发现了一个系统漏洞”，那么史蒂夫的原话可能是“今天的版本里面大写锁定键真不好用，难道这群蠢货没有测试过这个键盘吗?”每当亨利筛选出有用的信息并将其传达给我们的时候，我总会对他能够顺利搞定所有事情的信心敬佩不已，他似乎很清楚，我一定会立刻放下手头的所有事情第一时间修复漏洞，而给我施加压力并无益于问题的解决。亨利的行事方式使得他成为有点儿不近人情的首席执行官的互补搭档，他就像一阵保护我们不被史蒂夫的狂热灼伤的凉风，默默守护在我们身边。

“进来吧。”亨利笑着说，他将门开得稍大一点儿以便我进入。我迈开步子穿过走廊，深深地呼吸。示例评审正在进行，或者说我认为它正在进行。进入密室后一向右转，我便看到了史蒂夫，他正在用手机通话。

“嗯，听起来不错。”史蒂夫倚靠在一张办公椅上说，他的目光透过圆框镜片直视天花板，iPhone 紧贴耳边，身上穿的黑色高领毛衣的袖子被撸到前臂的中部，两腿在身前交叉，牛仔裤的裤脚移到了小腿处，露出了穿在灰色跑鞋里面的黑色袜子。这是史蒂夫的标准着装。他看起来并未因为疾病而精力不足，此时此刻，他正全神贯注于这次很重要的通话。我愣了一两秒，但迅速意识到自己应该静静地站在原地，不要试图引起史蒂夫的注意。我被叫进来继续等待。

被迫听一位有权势的人物通话可不是一件舒服的事情，我自然也不愿意表现得像在偷听一样，我把手放在身后打量起这间会议室。

密室大概 30 英尺[①]长，15 英尺宽，主色调为褐色，没有窗户。会议室的中间对着门口的方向放着一个沙发，将整个房间的空间分成两部分。一对 8 英尺长的桌子挨着靠门这边的墙平行摆放，这里形成了一个做示例演示时可以利用的空间。沙发和两张长桌首尾相接形成了 U 字形，史蒂夫的办公椅刚好位于字母的一个拐角处，我站在门口靠近 U 字的开口处朝右看去，在离我最近的一张桌子上，放着 iPad 原型机，

① 1 英尺 ≈ 0.304 8 米。——编者注

我即将演示的最新示例程序已经被下载到原型机里了。

我再度环视整间会议室，无论多少次走进这间屋子，我都有相同的感觉。房间内的装潢有些破旧，根本不像高度重视设计品位的苹果公司使用的会议室。离我较远的那张桌子上只摆放了一台 iMac，它身后的墙上被订上了一张歪歪扭扭的 Mac OS X[①] 10.2 的无框海报，这个版本的昵称是美洲虎。如果说这张破烂的海报本身不能体现它的悠久历史的话，那么海报中以皮毛和斑点做底、有衬线的“X”则让人很清楚这张海报已经有些年头了——这个版本的软件已经推出若干年了。从那以后，这个“X”的标志通过不断更新被逐渐改变为金属灰色，最后又变成了无衬线的字体。这些桌子倒是因不起眼而引人注目，它们可不是你想象中的苹果零售商店里用来陈列商品的同款浅色桌子。这些桌子是灰色的，桌面用福米卡塑料贴面，是标准的办公家具。在我左边的那面墙，上至天花板下至踢脚线都被白板占据，白板上面沾满了笔迹，这些笔迹又在反复的擦拭中被抹掉了。接下来，映入我眼帘的是那张沙发，沙发并不干净，坐在上面就好像置身于大学联谊会里面满是污秽的沙发垫上一样。在沙发后面的那一半空间里，有几个豆袋椅被遗弃在角落里，像是对早期硅谷的致敬。整体来说，密室就像一个没有什么特别之处的书房。但这是一个非常重要的房间，经常被史蒂夫用来评审示例程序，只是它本身并非那么引人注目。

---

① 这里的X表示罗马数字，苹果曾声明这个产品正确的名字是“Mac O-S 10”。这个来自公司旗舰产品的命名规则在多年后被用到了 iPhone X上。很多人把X当作英文字母 x 来发音，而不是数字 10，不过谁会指责消费者呢?

观察这间会议室花了我一两分钟的时间，但是史蒂夫仍没有显示出中断通话的迹象。我下意识地觉得有些尴尬，因为我是整个屋子里唯一站着的人，亨利坐回沙发上之后，那里已经没有多余的空间了，而史蒂夫占据了唯一的一把椅子。看起来，在史蒂夫结束通话以前，我只能保持现在的状态。某一刻，我看向亨利，他向我挑了挑眉毛，耸了耸肩，好像在说“我也不知道究竟还要等多久”。我不知道亨利为什么要在这种情况下让我进来，但还是那句话，这不是答疑解惑的时候。

苹果之核

与亨利一起坐在沙发上的人组成了软件开发的真正的核心圈子，版本评审时，他们是仅有的史蒂夫希望坐在自己身边给予建议、提供咨询和进行思维碰撞的人。他们参与了 iPhone 的评审过程，现在又轮到了 iPad。这里的每一个人都通过不断提出有助于改进产品的反馈意见，成功地获得并坐稳了现在的位置。

在亨利左边就座的是他的上级斯科特·福斯特尔——时任 iOS 软件工程高级副总裁，直接向史蒂夫汇报。正是斯科特给了我在密室直接向史蒂夫汇报的机会，他希望我在汇报时尽量简洁，突出重点。尽管他并未直接提出这样的要求，但通过他作为最高级别管理人员主持的早期评审会议中的成功案例和失败案例，我已经很清楚自己需要怎么做了。在密室中进行的评审显然重要得多，因为他的老板就座在会议室里。斯科特是我的上级和支持者，我在演示过程中的表现将对他产生重要影响。鉴于我仍处于进入核心圈子的考察阶段，我猜测，只要搞砸一次，我可能就会被斯科特从这个小圈子中除名。尽管他从未明说，但据我所知，只要得到一个类似于“蠢货”的评论，我就永远不会回到这里了。

斯科特的地位并非岌岌可危，他与史蒂夫的关系十分稳固，他们的合作关系可以追溯到 NeXT 时期，NeXT 是史蒂夫 1985 年被苹果解雇后独立创办的公司。自 1996 年苹果收购 NeXT 以来，史蒂夫和斯科特就开始在软件方面紧密合作了。

我认为，史蒂夫非常重视斯科特在将新技术集成于成熟软件产品方面的想象力，斯科特很擅长新技术和成熟软件产品的结合。如果程序员告诉斯科特，一个正在开发的应用于触屏系统的软件可以使系统准确区分快速滑动和缓慢平移，那么他会立刻构想出一个用户使用场景，手指在列表的某一行（比如收件箱里的一封邮件）上轻轻滑动，就可以将其删除。

我们在苹果创造出来的软件就源于这种细节的一次次积累。史蒂夫看中斯科特，不仅因为他可以自己做出这些细节的创新，更在于他可以创建和领导团队将这一过程不断规模化复制。这是史蒂夫心目中的苹果使命的一部分，苹果产品开发的最显著特点是：将科技与人文融合，利用最先进的软件和硬件，使设计和文化的元素融入其中，这样创造出来的产品和功能会非常有用，能让人们的日常生活充满乐趣。斯科特之所以能够坐到现在的位置，是因为他可以将科技与人的连接做得无人能出其右，并且他似乎可以轻而易举地做到这一点，完全不用停顿，也不用清嗓子，就能形成源源不断的赚钱效应。他的机敏有时会令人紧张。我发现，斯科特总是能让我意识到自己需要讲得更快一些，这样他才不会打断我的发言。

坐在斯科特旁边的是他手下的另一位高级经理格雷格·克里斯蒂，他是人机界面团队的负责人。人机界面团队中的软件设计工程师决定了 iOS 和 Mac 软件及服务产品所呈现的视觉、体验，以及系统功能背后的逻辑。我们在提到格雷格的团队时会使用简称 HI 团队，作为 HI 团队负责人，格雷格为我们应用程序和用户界面的设计拓展了广度和深度。格雷格是一个身着法兰绒衬衫、有吸烟习惯的纽约人，他像一本活的百科全书，熟稔计算机技术的发展历史，对模拟硬件和数字硬件的知识如数家珍，并且对易使用软件的开发有着与生俱来的第六感。几年前，在开发 iPhone 键盘的过程中，格雷格曾给我提供了至关重要的建议。当我被难题困住而感到非常绝望的时候，他直截了当地要求我解决一个我一直以来都在回避的问题——要让每一个按键都变得比指尖还要小，并且在现有自动纠错代码的基础上做必要的改进。格雷格经常能够洞察到某些复杂的改进路径可能才是提高产品易用性的最优方式；他从来都不是一个容易被糊弄的人。打个比方，他像猎人一样绕着捕熊器巡视，捕捉每一个因懒惰而试图用借口逃脱责任的人。如果你想用一个粗制滥造的示例程序蒙混过关，那么等待你的必然是格雷格尖锐的驳斥。他在公司里并不是很受欢迎，但是，对那些严格要求自己且勤勉尽责的人，他绝对会提供毫无保留的支持。

在沙发最右侧就座的是巴斯·奥尔丁，这个位置离史蒂夫很近，近到史蒂夫伸出腿就可以踢到他。巴斯是HI团队里的一位设计师，他在创建图解、动画以及示例演示方面有着天才般的造诣，他的娴熟技艺对iOS设备最终呈现出来的观感起到了重要作用。当我们要解决在没有鼠标或方向键的情况下上下移动一个项目列表的问题时，巴斯创造了“惯性滚动”，即在用户滑动屏幕时，列表随之滚动，用户反复滑动屏幕，列表滚动速度加快，用户停止滑动后，列表会逐渐降低滚动速度直至停止。如果滚动到页面底部，列表就会反弹。如今，我们所有人都觉得这种方式是理所应当的，只是因为巴斯的解决方案完美地呈现了我们心目中的这种交互应有的样子。巴斯个子很高，很瘦，他的短发一根一根地竖立在头顶。巴斯习惯于以一声“哈哈”作为一句话的结尾，好像你和他正在分享同一个笑话。巴斯是史蒂夫最欣赏的人之一，也是我最喜欢的人之一。我很喜欢与他共事，即将向史蒂夫演示的示例程序就是我们最新的合作成果。

史蒂夫的通话仍在继续，我再次看向这些坐在沙发上的人，他们的表情和姿势让我意识到自己并不是这间会议室里唯一想要避嫌的人。这个场景看起来有些离奇，而且似乎带着一点儿梦幻的色彩。我的目光又落在了史蒂夫身后演示桌上的iPad上，它依然静静地躺在那里，不会凭空消失，但是我开始担心起来：它的电池充满了吗？这个梦幻的场景会不会变成一场梦魇？

简洁是灵魂

这次键盘方案示例演示的工作实际上从一个月以前——我被提升为 iPhone 软件首席工程师（见图 1-1）之后不久——就开始了。

图1-1　我的工作名片

这份新工作的内容是比较开放的，我的任务是为优化现有软件去开发和研究新项目。在我苦思冥想要怎么开展工作时，HI 工作室成为我每天都要拜访的地方。一天，我放下手头的工作去找巴斯，与平时一样，他正在做一件很酷的事情。

他用 Adobe Director（多媒体项目的集成开发软件）制作了一份示例程序，即便在 2009 年，这个软件也已经是老古董了。多媒体出版业在 20 世纪 90 年代曾大规模地使用 Director 软件制作可以用光盘播放的内容，以及一些你可以经常在购物中心看到的供顾客查询某家鞋店或美食中心的互动内容。此后，Flash 动画、网络以及移动计算技术的兴起让这款软件逐渐被人们遗忘，但是巴斯很喜欢这个软件，主要原因是 Director 软件中面向对象的语言是 Lingo 语言，而他本人精通 Lingo 语言，因此他可以利用 Director 软件，用简单的图片、动画和几行 Lingo 语言代码，制作出表面上看起来跟 Mac 计算机和 iPhone 的交互界面完全相同的示例程序。尽管他制作出的示例程序并非消费者使用的“真”软件，但巴斯可以利用 Director 软件在很短的时间内呈现出类似于真实软件的效果以供开发者参考。

当巴斯又开始用 Director 软件进行创作时，我站在他身后观察，在他的 Mac 计算机屏幕上，我看到了一个似乎很像拉长的 iPhone 键盘的东西。背景、按键以及字母颜色都一样，但是键盘的整体形状比 iPhone 键盘更扁更长。巴斯对我说这是他设想的 iPad 键盘。他做这个示例程序是为了测试一些参数的变化。在键盘的边缘部分，巴斯做了一套屏幕控制键，当他按下这些按钮并滑动的时候，演示界面上的键盘背景、按键以及字母开始发生变化。他让按键时而变大，时而变小，他在浅色按键深色字母和深色按键浅色字母之间来回切换，他不断地调整空格键、删除键以及回车键的形状，随着这几个按键的变化，其他按键也随之调整形状以填补空白。每一个方案都配有一个精心制作的动画，并标示了改动的部分。巴斯在给我演示每一个方案时，都会简短地介绍该种方案的可行性和实用性。暂且不说屏幕上优美的画面简洁而完美地诠释了他的想法，仅是键盘的长宽比和布局就给我留下了深刻的印象。与我们在 iPhone 上应用的键盘相比，他对 iPad 触屏键盘的构想更像是台式机或者笔记本电脑上的键盘：标点符号键和

shift 键的位置与它们在标准键盘上的位置相同，在键盘最上方的数字键上，同时显示了我们熟悉的配对字符，比如，！和 1 在同一个按键上，@ 和 2 在同一个按键上，以此类推。

几年前，巴斯和我合作设计了 iPhone 键盘，我们受限于 iPhone 的小尺寸屏幕，一直在苦思冥想。经过很多次试验后，我们从主键盘上移走了尽可能多的按键，以保证有足够的空间使经常使用的字母按键尽可能放大。即便是这样，一个普通大小的手指依然有可能同时覆盖两个甚至三个字母按键。在最终版本的设计稿中，我们将标点符号键和数字键放置在单独的界面里，用户需要在主键盘界面中点击“.？ 123”这个按键进行切换。我们担心用户会抱怨或者对这个不便利的设置感到愤怒，但结果是人们快速且平静地接受并适应了这样的变化。

巴斯在向我逐一展示他为 iPad 设计的各种键盘方案时说，他想要在 iPad 大屏幕上配置一个更传统的键盘布局，就像他桌上的 Mac 计算机键盘一样。在我们聊天的过程中，巴斯从未停止手中的动作，他不停地移动滑动键和各种按钮，屏幕上的示例程序随之在不同的方案之间转换，这些方案都是基于平板电脑有着更大的屏幕从而可以在主键盘排布更多按键这个主题而设计的。巴斯给自己建造了一个键盘乐园，他的热情极具感染力，当他停下手中的动作，转过头来看我时，我脸上露出了抑制不住的笑容。

我回到办公室，反复回想巴斯展示给我的示例程序，我在脑海中想象着这个键盘在我桌子上的 iPad 原型机里运行，而不是在他的 Mac 计算机上运行的样子，让我印象最深刻的就是巴斯关于增加更多按键的内容。这个方案看起来是很合理的，尤其是在我们已经有了足够的屏幕空间，可以使用更多按键的时候。我认为人们可能更喜欢直接在主键盘上寻找到句号和逗号，而不需要按“.？ 123”按键进行转换。

我的目光在 iPad 原型机的屏幕和连接在 Mac 计算机上的键盘之间来回切换，我突然萌生出一个想法。我拿起 iPad 将其横置在 Mac 键盘的上方，我发现 iPad 屏幕长边的长度与键盘字母第一排的长度几乎相同，这让我意识到键盘第一排的 10 个字母“QWERTYUIOP”刚好可以按照原比例被直接复制到 iPad 虚拟键盘上。这样一来，在字母这排的上方就没有空间放数字了，但这样的设计可能也无伤大雅，因为 iPhone 的键盘排列就是这样的，只不过在更大的 iPad 屏幕上，这些按键的尺寸可以变得与 Mac 键盘相同。巴斯希望将 Mac 键盘完全复制到 iPad 上，而我的思路跟他的方案完全不同。

现在，我们拥有了两个有趣的想法。我的方案能提供更便于打字的大按键，但这样用户就需要在其他界面寻找数字和标点符号；巴斯则希望用户能在主键盘上直接敲击数字和键盘，但是每一个按键都会变得更小。我决定自己动手做一个示例程序来模拟这两种方案的效果。

在我升职的几周前，我一直负责键盘代码的日常维护工作，因此我十分熟悉键盘系统的软件，我可以在几天之内写出两套键盘方案，一套是巴斯的“更多按键”方案，还有一套是我设想的“更大按键”方案。用这套代码写出的示例程序比巴斯用 Director 软件做出来的更实用，因为巴斯提供的示例仅仅是用图片和动画模拟的，而我的示例则是可以在任何 iOS 应用中正常使用的“真实”键盘。

我更深入地思考了一下，然后决定将“更大按键”方案的键盘布局尽可能地按照 Mac 键盘的尺寸呈现，把它设计成每行按键交错排布的样式。如果我能够模拟真实键盘的整体格局，也许 Mac 使用者会更习惯于使用 iPad 虚拟键盘。

为了让设计更加准确，我必须做好测量工作。首先，我需要一把尺子。我把自己的抽屉翻了个底朝天，结果只找出了几个旧的 RAM 芯片、一些图钉以及若干 iPhone 原型机。我问了坐在旁边的同事，他们投来疑惑的目光并以耸肩作为回答——一个程序员要测量什么东西？我翻遍了走廊上的办公用品柜，仍旧没有找到尺子。然后，我想起来，在距离总部办公室约一英里[①]的史蒂文森溪谷大道上，有一家塔吉特百货商店。

在开车去塔吉特百货商店的路上，我一直想象我需要的尺子到底是什么样子的。它应该是一把给专业绘图人员使用的漂亮的、坚固的、用金属制成的尺子，是那种像是苹果出品的精确测量仪器。然而，我并没有在塔吉特百货商店里面找到如此美好的尺子，唯一在售的是一种一英尺长的略带黄绿色的淡蓝色塑料尺。它看起来很廉价，事实上也确实很便宜。当我发现我可以买一个相同颜色的塑料半圆量角器时，我还是把它们一起买下了。就这么决定了！

带着两个新玩具（呃，应该说是工具）回到苹果办公室后，我开始测量相关物品的尺寸，测量对象包括台式机键盘及按键、笔记本电

① 1 英里≈ 1.609 3 千米。——编者注

脑键盘及按键、iPhone 屏幕及上面显示的虚拟键盘按键，以及 iPad 屏幕。我想要建立一个关于这些键盘元素的数据库，我需要一定的时间和精力来研究这些数据，理清这些数据之间的联系，建立一种直观体验。我把所有这些物件的尺寸和角度都记了下来，在 Adobe Illustrator 软件里面制作了一些框架草图，我将所有的草图叠放起来，苦苦地思索。我开始为两种键盘撰写代码，除了将最上方的功能键删除以外，我完全依照笔记本电脑键盘的样式来呈现巴斯的“更多按键”方案。至于我自己设想的“更大按键”方案，我参考 iPhone 键盘，但把 delete 键删除了，同时添加了一个 shift 键。我又思考了更多细节，并花了几天时间完成了这个示例程序的代码编写。鉴于 iOS 中已经有了一个用于切换语言的“地球”样式的按键，我把这两种方案视为两种可切换的新“语言”。在完成这项工作后，我将成果展示给巴斯。

他对我的示例程序报以和蔼的微笑，这表明他很喜欢它。他还给出了一个建议，不要使用“地球”按键在两种界面之间切换，毕竟我们不是在切换语言。他认为我们应该在空格键旁边增加一个新的键盘切换键，按一下就可以将键盘按键放大，再按一下就可以将按键缩小，以便于使用更多按键。巴斯说他会为缩放设计一个动画，我认为非常棒。我回到自己的办公桌前，又开始了增加缩放键的工作。

几天后，我们把所有的事情都搞定了，现在是时候给更多人展示了（见图 1-2）。我们将这个键盘示例加入了下一次 iPad 整体评审的工作日程表中，亨利、格雷格以及斯科特将对众多最新的示例程序进行评审。在评审过程中，他们将决定每一个示例程序是否能够被提交

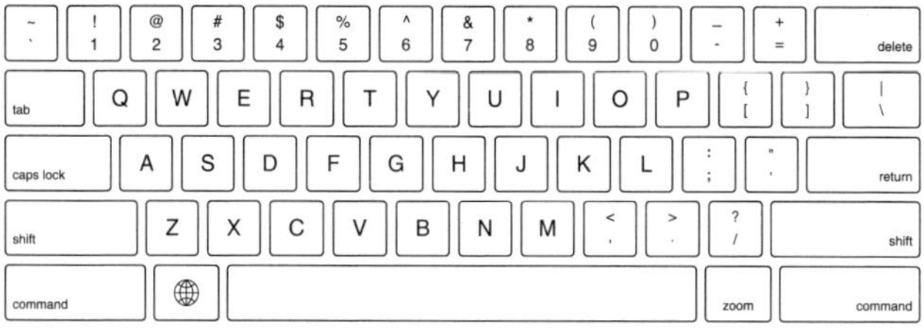

巴斯设计的“更多按键”方案

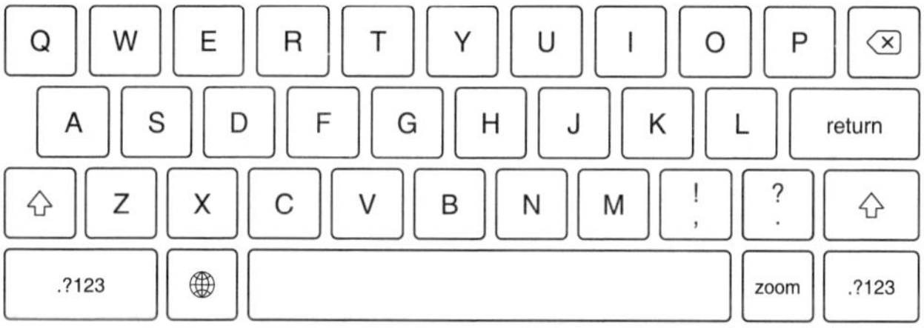

我设计的“更大按键”方案

图1-2　巴斯的“更多按键”方案和我的“更大按键”方案

到史蒂夫面前，预判亨利的程序员团队能否在日程表的剩余时间里完美地实现示例程序展示的功能，而且要保证低故障率。他们会非常谨慎地筛选提交给史蒂夫的示例程序，尽量回避史蒂夫可能非常喜欢，但我们还无法在产品中实现的那些东西。斯科特可不是在象牙塔里运营研发部门。能够提交给史蒂夫的示例程序一定是我们确保能实现的，因此，未经反复修改就通过评审的示例程序是极少见的——一般要经历数周的反复反馈和修改。

iPad 键盘示例程序却没有如此费劲儿，我们轻松地通过了在史蒂夫之前的评审。这主要归功于巴斯通过其自行设计的缩放动画活灵活现地展示了我们的构想。

当你按下iPad示例程序中的zoom（缩放）键时，当前显示的键盘（比如，我的）会切换至另外一个（他的），就像Keynote或者PowerPoint里面的“点击进入下一张幻灯片”一样。一个键盘的图像完全消失，屏幕上浮现出另一个键盘。巴斯还在动画中增加了缩放比例，在切换过程中，被切换的键盘按键逐步缩放至即将浮现的键盘按键的大小，最初这个缩放过程比较缓慢，然后逐步加快，当动画停止的时候，你会有一种终于降落了的感觉。这种效果是非常精细的，整个动画的切换过程还不到一秒，但是巴斯就是有办法让这些细节展示出来。当观察这个zoom键操控的动画时，你会觉得这两种键盘在做非常复杂的变形，但事实上它们并没有。从一个工程师的视角来看，这是相当难得的，因为这种简单的设计意味着我们仅用几个小时就可以将这个动画的程序代码编写出来，而且整体效果好得令人惊奇。这个动画看起来并不像在桌面上做展示的幻灯片那样从一张切换到下一张，当你按下切换键时，整个过程让你觉得当前这个键盘自动变成了另外一个键盘。这种感觉是浑然一体的，就是那种让苹果软件深入人心的不言自明的感觉。

所有参加这次预评审的人都很喜欢键盘切换的概念。我们认为用户在使用新产品时会从这种复杂界面中受益，与iPhone相比，这是充分利用iPad大屏幕的绝佳方式。有些人会喜欢更多按键的布局，他们对完整的字母、数字以及标点符号的布局有着天然的好感。还有一些人可能喜欢更大按键的布局，他们的手指对合乎常规的按键布局有更敏感的触觉。这种可以切换的安排对两类用户都很友好。zoom键的存在让用户可以尝试两种新键盘，并可以随时切换而无须在系统中专门设置键盘偏好，更何况，巴斯设计的动画让这一切看起来非常特别。斯科特批准我们将该示例程序演示给史蒂夫看。

“圣人”的裁决

“嗯，这一切听起来都很不错。”史蒂夫说，他的声音打破了密室里的沉寂，“好的，我会给你打电话的。”他的语调预示着通话即将结束，我们几个人立刻回到现实。

“再见。”史蒂夫边说边将 iPhone 从耳边放回眼前，目光在屏幕上停留了片刻，按下了红色的挂机按钮。然后，他把 iPhone 放入了牛仔裤的前口袋，在椅子上起身坐直后，缓慢地转向我。

我们俩的目光在空中交汇。多年以来，很多人都在评论史蒂夫的非凡能力，无论他告诉你什么，无论那些东西听起来多么难以置信，他都有能力让你相信。这种现实扭曲力场已经成为一个传奇。但是，当史蒂夫的目光锁定我的那一刻，我却感受到了相反的力量，现实扭曲力场的极性颠倒了。就像碰触了一个灯光的开关一样，史蒂夫开启了严肃的气场，这种气场能隔绝所有的言不由衷，将一切虚假的伪装清除殆尽。他的表情并非很明显的不友好，但他一定很清楚，他目不转睛的凝视可以让处于我这个位置的人感到恐慌，我也确实被这种凝视影响了，以至有些害怕。我把他的神情看作不会让我蒙混过关的信号，他已经准备好看我的示例程序了。

斯科特站起来走到史蒂夫的椅子后面。“好的，让我们开始示例演示吧。史蒂夫，这位是肯，他之前负责过 iPhone 键盘的项目，现在他有一些平板电脑键盘设计的示例程序要向你展示。”尽管就在几周前，我已经当面向史蒂夫做过演示了，斯科特向史蒂夫介绍我的方式仍好像我们是第一次见面一样。如果史蒂夫很喜欢我之前的工作或者在之前的示例评审时记住了我，那么情况就不会是这样的，但他并没有表现出任何一种迹象。斯科特走到 iPad 原型机前，并没有从桌子上把它拿起，他按下 home 按键，当屏幕被唤醒时，滑动手指以解锁屏幕。

史蒂夫仍然看着我。我接着斯科特对示例程序介绍的中断处往下说：“是的，我们设计了两种方案。一种是有更多的按键，就像笔记本电脑键盘那样；另一种是有更大的按键，就像放大版本的 iPhone 键盘一样。我们的想法是同时提供两种选择，通过 zoom 键在两者之间进行切换。”

史蒂夫缓缓地转动他的座椅来到展示桌前，低下头，他面前的 iPad 是横置的，home 键在整个平面的右侧。屏幕上正在运行的是 iPad Notes 应用的早期版本，插入点光标正在一个空白的文档上闪烁。屏幕底部当前显示的是巴斯设计的“更多按键”的键盘布局，它看起来和笔记本电脑键盘一模一样，只不过按键比标准版本的略小。史蒂夫的目光扫视了整个 iPad 屏幕，他的头部以极小的角度倾斜，在我看来，他应该在从正面和侧面尝试观察整个键盘界面的每一处细节。

史蒂夫研究了很久之后，伸出手按下了 zoom 键，开启了巴斯制作的精美动画，键盘随之切换成我设计的“更大按键”布局。没有任何反馈，也没有任何可以猜出他想法的线索。史蒂夫就像一个正在第一次查看牌面的高额赌注扑克牌玩家。现在屏幕上显示的是另一个键盘，史蒂夫又开始了他的研究。他花了足足30秒仔细观察了屏幕上的所有细节。当觉得满意后，他再一次按下了zoom键，将“更多按键”的键盘布局呈现出来，跟示例演示刚开始时没有什么区别。史蒂夫又开始研究，他的想法和感觉依然让人捉摸不透。他再次按下zoom键，将界面切换至“更大按键”的布局，这一次，他简单地浏览了一下，确认已经看过全部两种设计，而这两种设计要等待他来选择。他转过来径直看向我（见图1-3）。

“我们只需要其中一种，对吧？”

这不是我想要的回答。我想我当时可能连吞咽这个动作都变得很困难。史蒂夫仍然在看着我，而我微微耸了耸肩，然后说：“是的……呃……我想是的。”

史蒂夫稍稍打量了我一下，然后问道：“你觉得我们应该用哪一个？”

一个非常简单的问题，需要我而且仅需要我来回答。史蒂夫的椅子和身体并没有转向屋子中的任何人。这是我的示例程序，他希望我来回答。

然后有些事情就这么自然而然地发生了。我站在那里，史蒂夫的目光一直停留在我身上，等待我回复他的问题。我突然意识到我有自己的观点，应该知道如何回答。

“是这样的，我在过去这些天里一直在用示例程序里的键盘，我已经开始喜欢‘更大按键’这个布局的键盘了。我想，既然我可以习

图1-3　评审示例程序时的史蒂夫

惯通过触感打字，相信其他人也可以，自动纠错功能可以帮上大忙。”

史蒂夫继续看着我，他在思考我的答案。他从没有将眼神从我身上转移到其他人身上或者其他地方，完全沉浸在当下。就在这里，他认真地思考我关于下一个苹果重磅产品的想法。这是令人激动的时刻。他想了几秒钟，然后宣布了他对这次示例程序的最终决定。

“好的，我们用‘更大按键’这个方案。”

就这样，苹果的“圣人”发话了，关于软件设计的预言被大家知晓了，话音落定的同时，史蒂夫轻轻地点了点头。我的示例演示到此结束。格雷格、亨利和巴斯从沙发上站起来，他们用“干得好”和“演示得不错”等简短的句子表达了鼓励。我又变回了那个天生内向的人，在刚刚接受了远超我日常最高限度的关注度后，我看向地面。这间屋子里面的紧张气氛瞬间消散了。斯科特朝门口走了几步，暗示我此时应该离开以便他们进行接下来的工作。我打开了“密室”的门，斯科特静静地等在我身后准备关门，在我离开后他将继续在“密室”里工作。我向走廊迈开步子，就在门被锁上前，我听到史蒂夫说“谢谢”。

史蒂夫只说了四句话

德尔斐神殿的入口处上方有一个碑文，上面写着:“了解你自己。”它在告诫即将步入神殿的提问者，你所寻求的答案可能就在自己的内心深处。当我走出“密室”时，我对自己刚才的表现非常满意，我完全凭借自己的能力如实地回答了史蒂夫对示例程序的提问。

这只是在这次示例演示之后我回想这段经历时的最初感受，而此后，我思考了更多。

史蒂夫问我自己的想法其实是一个测试。在看过我的示例程序后，他想确认我是否能够胜任把苹果软件做得更好这项工作。如果我没有给出令人满意的答案，那么他会向会议室中的其他人提问。在座的其他人都是通过不断地经历类似的测试，以及持续交出优秀的工作成果来坐稳如今的位置的，他们成就了 iPhone 软件的每一个细节。如果我希望自己能够一直在密室中做示例演示，那么我只有不断地为他建言献策，并为公司做出卓越贡献，才能赢取未来的邀请函。当然，在此之后我做到了。在整个职业生涯中，我给史蒂夫做过很多次示例演示。

对我来说，这就是写代码和影响所写的代码的区别。在这次示例演示里，我的想法得以贯彻到产品中，在最终问世的 iPad 里，除了删除掉 zoom 键之类的小细节，真正的键盘与我在会议室中演示的示例程序完全相同。我通过了测试。

密室中的决策和发布软件之间的关系，也说明了在苹果公司里示例程序对我们的重要性。示例程序是将概念想法转变为软件的主要方式。这些示例评审会议的设置展示了我们是如何将软件打造得如此优秀的。

这句表述隐含了一个假设，即苹果把创造伟大软件当作最重要的目标。我们做到了，而这一切直接来源于史蒂夫。他设立了公司的首要目标，无论是在公众场合演讲还是内部交流，他都始终强调这一点：创造伟大的软件是公司的核心任务。更重要的是，史蒂夫不仅在口头上重视这一目标，还表现在行动上，因此软件开发团队源源不断地制作示例程序，无论何时，只要有引人关注的新发现，史蒂夫总能抽出时间参加示例评审，从而亲眼见证“伟大产品的诞生”。他的参与使得整个项目一直保持不间断的进展和突破。

我们只有把各种各样的示例程序汇总，才会形成一个完整的产品，因此，在密室工作的 5 个人和乔布斯一起形成了一个对整个过程有着关键影响的小圈子——可以创造出一个独立的首席执行官级别示例程序的团队。在这个小团队中，我们拥有我们需要的一切。我是程序员，巴斯是设计师，亨利、格雷格和斯科特是编辑者。在合作过程中，有些角色是可以互相转换的。巴斯有时会写点儿代码，他经常在不需要程序员的帮助的情况下，独立完成一个可以直接向史蒂夫演示的示例程序。在这次键盘示例程序开发中，我承担了部分设计工作，自行增加了“更大按键”方案。在我把“地球”键作为两种键盘的切换按钮后，巴斯承担了编辑工作，将其变更为zoom。

决断力自始至终都非常重要。在把方案提交给史蒂夫之前，斯科特是执行主编，是那个“做决定的人”。苹果公司的每一次示例评审都有一个决策者，这个人是唯一有权力决定一个示例程序是否通过或者宣告接下来要做什么的人。不过，即使是在正式评审开始前，比如在巴斯和我这类比较有经验的开发者组织的会议上，我们每个人都可以决定自己负责的工作，以及我们是否有意愿为一个全新的想法或者进一步的改进付出额外的努力和时间。一旦我们与团队成员合作完成了为评审准备的工作，或者与级别较低的同事完成了某项任务，团队主管就是那个决策者。这个决策环在任何管理层级中都适用。在特别忙碌的时期，亨利会负责所有iOS工程师的示例评审工作，此时，他就是斯科特之前的全权决策者。我们必须在示例程序能够最终呈交给史蒂夫之前日复一日地制作海量的示例程序，这意味着我们的日常工作就是一座由示例程序、评审、决策构成的金字塔，史蒂夫的最终裁决位于塔尖。

判断是否要通过一项工作成果并不是唯一的决策内容。当斯科特决定选择把我，而不仅仅是我的示例程序呈交给史蒂夫评审时，他是在用自己的方式表达他的想法：相对于我的工作成果，我的个人想法同样重要。斯科特在非常谨慎地拓宽史蒂夫身边的小圈子，在我看来，他把谁带入这个圈子也是史蒂夫评价他的重要标准。这种直接接触首席执行官的层级限制并不会与其他大公司有太多的区别，但是在苹果，得到这种特权的方式与你在组织架构中的级别没有太大关系，而是与你做出更好的产品的能力息息相关。在我为 iPhone 原型机设计键盘的时代，虽然呈交给史蒂夫评审的示例程序是由我制作的，但我并没有资格参与“密室”评审，当时的我很难意识到虽然我写出来的程序对公司很重要，但我这个人是否参加评审并没有太大意义。

斯科特同样扮演了一个示例程序守门人的角色，因为史蒂夫只会在已经存在足够优质成果的前提下推进工作。斯科特很清楚他不能给史蒂夫展示不入流的示例程序，并在声称自己的团队已经竭尽全力的情况下期望它们能得以侥幸通过。这样做除了能够激怒史蒂夫并使自己丧失除史蒂夫以外最有话语权的决策地位之外，别无益处。斯科特同样知道，他不能使用类似于在一群“老马”中安插一匹“千里马”的众星拱月的策略，寄希望于史蒂夫因自己挑选出了胜利者而满意。史蒂夫能够很轻易地看穿这些小把戏。

在我和巴斯的共同努力之下，我的示例程序达到了标准。我们的示例程序是建立在三个要素的基础上的，这三个要素就是两种不同布局的键盘和一个能把两者结合起来的切换方式。在评审现场，我们发现我们的想法与史蒂夫的设想不谋而合。在这个示例演示中，史蒂夫看到了他喜欢的东西，但他认为这个示例程序中存在一些毫无必要的复杂元素，所以他将多余部分剔除。这种拆解并不常见，但在情理之中。

就连史蒂夫据以得出结论的讨论环节都非常简略。请注意斯科特是如何介绍我的示例程序的：他用寥寥数语向史蒂夫讲述了接下来的工作内容，引导他把注意力转向我这里，并告诉他即将做演示的人是谁。接着，我又用最简单而必要的词语将史蒂夫的注意力吸引至需要他关注的地方。在此之后，史蒂夫认真地看了软件，问了我一个很精辟的问题，以确定键盘是否能变得更加简洁。

对简洁的追求是有目的的。尽管史蒂夫已经是一个高科技公司的首席执行官，但他还是把自己当作普通的消费者，而消费者根本不会在意软件行业内部的诸多复杂细节。如今，人们已经被日常烦琐的事务困扰，他不希望苹果的软件给消费者增加额外的负担。

想象一个场景，主角是每天忙于日常生活的母亲，这一天，她心中记挂着她 16 岁的儿子，她的儿子在寄宿高中上学，十分想家，却只能自己照顾自己。这位母亲奔跑在上班的路上，由于路上交通堵塞，她很有可能会迟到，她有一份报告要在下午提交，而在赶往下一场会议的路上，她需要再回复一封邮件。

史蒂夫认为，如果她拥有一部没有装载那么多不实用的功能的手机，她的工作会做得很好。他相信将非必要的功能从手机里面清除将使人们容易学会使用手机，也会给手机的日常使用带来便利。他希望产品和软件能自己说话，因为在大多数情况下，没有人会站在一个首次体验软件的人的身后，指导他认真地辨别每一个功能的作用。当然，在苹果零售店里，每位员工都做好了随时回答问题的准备，但是，如果消费者在看到软件的时候就能立刻使用它，那不是更好吗？

史蒂夫通过示例评审来判断每种功能是否符合这一基本使用标准。当他给我明确的反馈，要我把其中一种键盘从iPad示例程序中删除时，我觉得这带来的影响绝不仅限于更加简洁。这意味着我们可以取消巴斯设计的切换动画，去掉zoom键，清除所有关于在不同情境下会出现何种键盘的困惑。比如，iOS需要记住你在Notes应用里使用了“更大按键”键盘，在邮件应用中使用了“更多按键”键盘；这些键盘的选择应该被存储在哪些应用场景里，而不需要被存储在哪些场景里。这些问题变得更复杂且没有意义，因为它们没有简单的答案。史蒂夫认为，解决问题的最好方式就是避免提出这些问题。

史蒂夫标志性的决断力渗透在苹果的日常工作中。他选择斯科特、格雷格、亨利和巴斯等人在他身边工作，部分原因是这些人无须长时间思考便可以给出合理的决定。当史蒂夫向我提问时，他在测试我的决断力以及判断我是否有能力将现有的示例程序改进得更优秀。会议室里面没有人插话，因为史蒂夫只看向我一个人，回答问题最有效率的方式就是由我来开口。我回答了，他随之结束了我的示例演示环节。

一旦史蒂夫给出了他的决定，所有人就都知道再跟他争辩肯定吃力不讨好，这不是因为史蒂夫太固执而无法接受相反的观点，而是因为这样做无异于在现有的方案上增加复杂的东西，这几乎没有胜算。如果斯科特、亨利、格雷格和巴斯不清楚该在什么时候保持沉默，那么他们不可能坐在密室的沙发上。巴斯从未抱怨过自己设计的切换动画被删除，见证很多优秀的成果被砍掉也是他工作的一部分。

示例评审这项工作流程也是由史蒂夫发起的，即使他不在，它也能成为我们在产品开发过程中使用的标准流程。就像在密室里一样，整个软件开发部门都尽可能地保证会议和团队的规模足够小，以保证工作效率，以及践行“以最小的成本做最多的事情”这条原则。史蒂夫对示例评审的频繁要求催生了不计其数的示例程序，每一个示例都有其演示者和决策者。所有示例程序的存在使得整个软件团队始终聚焦在开发最优秀的产品上。

这些全都归功于史蒂夫。他在我离开前说出的那句“谢谢”向我表明，我的示例程序就是他想要的结果。这个会议是富有成效而且果断的，这种模式是值得被记住和效仿的。

每每回想起这次 iPad 示例演示，我的嘴角都忍不住上扬，史蒂夫在会议中仅仅说了四句话，却教会了我太多道理。

第 2 章 初入苹果

苹果的上级主管们正在焦急地等待我们的消息——一份简介、一种进步的迹象，或者任何可以说明我们取得进展的消息。很久之后我才知道，斯科特当时已经开始怀疑我们是否能胜任了，很庆幸当时的我并不知道，因为在无法做出任何突破的一个月后，我自己已经感受到了巨大的压力。

示例程序是我们在苹果工作的重要工具和手段。我们用它来发掘现有概念的潜力，探索新概念，展示进度，发起讨论以及驱动产品决策。在刚就职苹果公司的几个星期内，我被一个精妙绝伦的示例程序震惊了，这是我第一次见到这家公司是如何制作软件的。由此，我意识到并理解了示例程序可以在创意和技术工作中扮演多么重要的角色。

理查德 · 斯托尔曼

“水晶球”示例程序诞生于21世纪初期科技浪潮的背景之下，当时互联网创业热潮如日中天，微软是计算机领域无可争议的领导者，网景公司的网络浏览器代表了当时最新的技术，而苹果则前景黯淡。

那时，很多硅谷的软件公司开始尝试推出自由软件，试图通过开发不向消费者收费的软件来获利。这种看起来不合逻辑的公司战略来源于理查德 · 斯托尔曼的思想，理查德 · 斯托尔曼是一位颇有声望的程序员和科技爱好者。他认为所有软件都应当是自由的。斯托尔曼抨击微软、苹果等公司，它们向消费者收取软件费用，却把源代码当作商业秘密，不对外界开放。在斯托尔曼与众不同的信仰体系里，计算机代码和利益动机混合在一起酿成毒酒，这杯毒酒迫使科技公司雇用了许多从事编程工作的知识分子，把软件开发彻底变成了一个“零和游戏”，而这些高智商的人本应致力于科技的进步，这样一来，损害了人类整体的利益。如果你不是程序员，自由软件听起来就像 20 世纪 60 年代的嬉皮士理想主义。

但是我是一名程序员，对于我来说，自由软件更像有史以来最美好的糖果商店。假如我是一名想要开发照片分享应用的创业者，或者是一名正在研究人工智能算法的计算机科学家，或者是一位尝试提升数据中心计算机使用效率的系统管理员，我知道自己可以在网上找到业已存在的代码，并能根据我的目的来进行相应的更改。自由软件使通用问题的解决变得更容易，在上述任意一个场景中，只要同意其他人使用我基于现有自由软件撰写的新代码，我就可以使用这些自由软件。斯托尔曼把自己比作站在自由软件糖果店柜台后面的人（见图 2-1），在那里他保证没有金钱交易，但是软件源代码会不断地转手。

斯托尔曼于 1983 年成立了 GNU 计划以呼吁软件自由化，而且他起草了 GPL（《通用公共许可协议》），用来推进该计划的实施。斯托尔曼将 GPL 称为“公共版权”，这是一个故意与“版权”相抗衡的称谓，与限制使用者的权限不同，GPL 拓宽了使用者的权限，保证每个人都能几乎无成本地获取软件的源代码，人们可以研究、修改，将它们用于新项目架构的搭建。这听起来是完全自由的，但是GPL有特殊的要求。

如果你在 GPL 框架中的软件源代码的基础上开发了新软件，那么这个新软件也必须接受 GPL 的约束。斯托尔曼希望通过这个体系建立良性循环，不管你是富人还是穷人，新手还是天才，程序员还是终端用户，都能因代码编写者在互相借鉴的基础上不断优化软件产品而受益。

图2-1　站在自由软件糖果店柜台后面的理查德·斯托尔曼

如果不在软件行业工作，你可能从未听过理查德·斯托尔曼这个举足轻重的人物。几十年来，自由软件已经在整个高科技领域普及。斯托尔曼的 GPL 促进了 Linux 操作系统的开发和问世，如今 Linux 已成为在安卓智能手机，谷歌、亚马逊、推特及脸书的数据中心，以及众多主流网络服务商平台中运行的核心软件。没有斯托尔曼的长期努力和自由软件的兴起，我们所知道的互联网可能根本无法出现，网络搜索引擎、流媒体音乐、YouTube、维基百科、聊天软件、社交网络、智能手机可能也不会出现。整个世界都将是另一番景象。

鹦鹉螺没有吹响

如果是那样，我的人生也将因此而变得不同。在加入苹果以前，我在一家名字叫 Eazel 的创业公司工作，我们的目标是开发一套简单易用的操作系统，这套系统可以作为苹果和微软系统之外另一个免费的选择。Eazel 的核心团队成员是曾在 20 世纪 80 年代参与初代苹果计算机开发的程序员，包括苹果计算机的首位软件经理巴德·特里布尔以及软件奇才安迪·赫茨菲尔德。安迪的图像化用户界面代码，使得 Mac 计算机在当时以文本模式进行交互的主流计算机产品中脱颖而出。那些伙伴是我心目中的英雄，因此我决定加入其中与他们共事。他们设计的苹果计算机软件传达出的优雅和简洁是促使我成为一名程序员的主要动力。

创办 Eazel 的想法来自安迪，他的创业念头则来自推广自由软件的动力——安迪与斯托尔曼一样，都是理想主义者。他通过开发文件和图标管理器使Linux成为微软系统和苹果系统真正意义上的竞争对手。安迪将他的项目命名为“鹦鹉螺”，它可以像文字处理器、制表软件一样帮助Eazel用户寻找文件、阅读邮件以及安排项目日程，也可以完成很多新奇的任务，比如记录一些数码照片等。Eazel公司将鹦鹉螺加入GNOME计划（一个致力于软件自由化的松散联盟，由个人和公司组成），参与GNOME计划的成员将为我们正在开发的计算机系统提供其他软件。

要成为GNOME计划的一部分，鹦鹉螺必须获得GPL的许可，这对于作为商业实体的Eazel来说具有很重要的影响。鹦鹉螺进入市场以后，用户可以免费下载使用，因此公司必须找到其他赚钱方式。不出意外的话，这些方式包括开发可以向用户收费的专业软件，比如一套原机云服务，它的功能包括为用户提供软件自动更新及在线文件储存等服务。这些服务将由Eazel数据中心提供，用户必须付费使用。这个想法是希望通过把免费的鹦鹉螺及其他免费软件打包来吸引人们为Eazel的特有功能付费。当时正处于互联网创业的高潮阶段，对Linux和自由软件的热情、充裕的风险投资基金以及创始人与初代苹果计算机的联系等因素融合在一起，构成了一幅美好的愿景，让我相信Eazel会成为下一个改变世界的伟大公司。

我们确实有过那样的机会，但最终还是搞砸了。我们从未实现最初设定的任何一个崇高的目标。失败的原因有很多，但其中最大的败笔应该是我们没有将软件视为整体产品，而是将它们视为一组独立的项目，我们从未找到整合这些零散软件的方式。没有什么事情是一帆风顺的。我们的软件升级功能有很多故障，经常在软件升级的时候破坏程序。为鹦鹉螺与云服务建立连接的代码也完全不起作用。鹦鹉螺团队在与 GNOME 计划成员合作时也屡屡遇到问题——GNOME 这种松散的组织结构和非营利导向，使得其成员不可能和我们一样，追求利润或者对合作保持高热度，这也导致我们几乎无法按照既定计划实现上线目标。种种挫折导致我们不断地将上线时间延后。

在我进入公司几个月之后，这些问题变得越来越难以避免，为了让产品尽快成形，管理层开始向其他人求助。一个星期五的下午，我坐在公司小会议室里等着会见一位可能对我们有帮助的人。就在这个星期的前几天，我发现隔壁的小屋子里贴了一张写有“唐·莫尔顿”这个名字的纸，下周一这个叫“莫尔顿”的人即将成为鹦鹉螺项目的新主管，当晚我在公司月度聚会上第一次见到了唐。他很快发现他的名字被写错了。他从我身边经过，径直走向他的隔间，划掉纸上潦草的笔迹，重新写下“唐·梅尔顿”。

唐是一位颇有街头信誉（street cred）的极客，因为他曾在公共广播公司播出的《代码奔腾》纪录片中露过几次面。这部纪录片叙述了浏览器之战的历史——在网络浏览器刚兴起之时，网景和微软两家公司争夺网络浏览器的市场控制权。20 世纪 90 年代，越来越多的人使用计算机上网，微软公司开始担心计算机用户习惯于使用当下最流行的网景浏览器，从而使网景公司获得更高的利润和更大的市场影响力。微软试图通过把微软操作系统和自己研发的 IE 浏览器进行捆绑销售来阻挡网景的进攻，当时微软操作系统的市场占有率超过 90%，微软寄希望于在计算机预装了浏览器的情况下，人们不会再向网景公司支付现金购买产品。

突然间，网景如果想继续在网络浏览器这个自己一手创建的新领域站住脚，就必须使用全新的策略。作为反击，网景决定公开其浏览器的源代码，希望这种自由且可获取的代码能够成为所有基于互联网的应用程序约定俗成的标准。如果可行，这种方式可能会带来一些技术支持合约、咨询协议以及其他不直接绑定浏览器的赚钱的业务。

这种代码开源的策略是受到自由软件运动的启发而产生的，但它并非理查德·斯托尔曼所认同的方式。斯托尔曼希望代码自由成为一种政治和社会福利，他理想中的软件应该是属于自由国度的，而对于网景来说，代码开源是一种挽救公司业绩下滑的手段。这就像把源代码变成了免费的啤酒，而真正的目的是通过举办啤酒狂欢节来赢利。

历史证明这种方式无济于事，网景并没有以一家独立的公司的形式存活下来。网景彻底公开了浏览器的源代码，并为其冠以新的名字——Mozilla（摩斯拉浏览器）。Mozilla 的成功得益于我们的新任经理唐的工作，在公开源代码前，他负责将所有的“脏话”从源代码中清除。

网景必须在公开源代码之前将“脏话”从中清除这件事情，也给我们提供了一窥软件开发文化的窗口。即使是在我撰写本书的时候，大多数程序员也都是一群刚从大学校园里走出来的年轻人，为了满足不切实际的进度要求，他们需要通过喝咖啡来支撑长时间的编程工作，在 21 世纪初，这种情况可能有过之而无不及。当他们非常疲惫但时间紧迫时，他们的坏脾气开始爆发，不成熟的心智击败专业精神，技术层面或其他方面的纷争开始出现在软件中。使用驼峰式命名法时，程序员经常会将若干个单词集合成一个，一种具有代表性的不恰当的语言可能是这样编译的：

```
cleanUpBobsSh_tStormHeIsAF__kingTurdBlossom();
```
[①]

由于担心源代码一旦公开，这些糟糕的语言就可能损害软件的形象，网景公司的管理层发布了一项命令：代码中所有的脏话都必须被清除。净化代码是一项重大任务。唐被指定执行这一任务，他说自己是最适合这项工作的人，因为他实在太喜欢说脏话了。唐找到并清除了所有的脏话，但是开放代码并没有挽救网景在浏览器之战中的命运。网景输掉了这场战争。

眼看网景就要失败了，唐开始寻找新的工作机会。当他加入 Eazel 时，软件开发进度的延迟并非我们面临的唯一难题。公司的现金流也开始变得紧张起来，Eazel 没有产品可供出售，前一轮的融资资金也即将消耗殆尽。我们的高管忙于引入新的投资，最开始的一段时间，他们还会每隔几周给员工更新一下融资进度信息。后来他们变安静了，太安静了。

让我们快进几个月：由于没有风险投资者开出支票，在 Eazel 推出鹦鹉螺 1.0 的当天，公司解雇了 2/3 的员工。唐和我属于仍被保留

① 代码中包含了一句脏话。——译者注

在公司内的一小群人，公司的高管一直在试图出售公司，我们又继续工作了 3 个月，直到他们出售公司的计划宣告失败。

苹果的浏览器替代计划

唐和我都失业了，但是我们成了朋友，我们可没有在硅谷的高尔夫球场上瞎晃，而是一直在找工作。很快，我们听说苹果公司正在招聘。这家位于库比蒂诺的计算机公司为 Eazel 的前员工召开了专场招聘会，我记下了一些经理的电话号码准备跟进，永远比我更聪明的唐却有其他想法。之后的事情，就是时任苹果公司平台体验部门总监斯科特·福斯特尔对我进行的面试。在 iPod 和 iPhone 问世前，这个部门负责苹果计算机的用户界面，Finder、邮件等系统内置的应用程序，以及第三方开发者开发程序时使用的软件框架。

当我到达苹果办公区参加面试时，斯科特已经坐在位于办公室一角的办公桌前了。当我走进办公室时，他转向我，身体向前倾，好像一个职业拳击手在等待下一回合的开始。我们面对面地互相做了自我介绍。由于我一直担心自己的面试能力，因此提前准备了一份道具——我最新编写的软件程序，一个可以在苹果全新系统 Mac OS X 中运行的拼图游戏。

斯科特试用了我的程序，看起来他很喜欢。接着，关于软件的问题如雨点一般打在我身上，这就像年轻的拳王阿里在打一套左右组合拳，其速度和痛感令人难以招架。

“你是如何设计算法来制作新拼图块儿的？”

“你用了什么样的技术使得整个动画如此平滑流畅？”

“你使用的是 Cocoa 框架、Carbon 框架，还是混合框架？”

整个面试过程节奏很快，我尽全力追赶他的节奏。后来我才知道，斯科特一贯如此。你一定要严加防守，否则他连珠炮一般的问题会让你惊慌失措。

几天后，唐和我开车去了位于森尼韦尔的计算机文化书店，唐想要挑选一本书。我试着从他口中问出他在苹果面试的结果，以及他是否得到了关于我的面试反馈信息，但他如铜墙铁壁一般三缄其口。当离开书店回到车上后，唐递给我一本《JavaScript：权威指南（第三版）》，封面上的逼真的犀牛非常显眼。

他说：“你觉得为苹果制作一个网络浏览器怎么样？你感兴趣吗？”

我当然感兴趣。

等等，Mac OS X 不是已经有网络浏览器了吗？是的，的确有，但那是微软 IE 浏览器。早在 4 年前，苹果和微软做了一笔交易， IE 被嵌入 Mac 系统。1997 年 8 月，在波士顿召开的 Macworld 大会上，史蒂夫·乔布斯在公开演讲时宣布了这一决定，史蒂夫甚至邀请比尔·盖茨通过视频连接出现在大会屏幕上。就在那一天，盖茨承诺微软向苹果提供支持，在接下来的 5 年中，微软会为苹果计算机开发 Office 软件，向苹果投资 1.5 亿美元，同意苹果计算机安装 IE 浏览器并将其作为默认浏览器来使用。除了足足有 20 英尺高的盖茨影像如同“老大哥”一样笼罩在会场上这个令人尴尬的场景，这笔交易对于苹果来说是很划算的，这给当时正饱受唱衰舆论的苹果带来了一张重振市场信心的支持票。几个月前，《连线》杂志在封面上刊登了一张著名图片：彩色的“苹果”标志被带刺的铁丝环绕起来，在其下方有一个醒目的标题——祈祷。

2001 年夏天，苹果的基础更加坚实了，这得益于 Mac OS X 的完工、iMac 的成功，以及即将在 4 个月后问世的 iPod 给人带来的希望。

史蒂夫和斯科特迫切希望继续保持这种势头，认为互联网将成为未来计算机、通信以及商业的重要部分，希望苹果能在这一迅速崛起的技术领域占据一席之地。他们需要随时随地按照自己的意愿对公司互联网软件进行升级的自主性和灵活性，研发内部浏览器是这个战略的第一步。他们想把微软 IE 浏览器替换掉。

驯服Mozilla

从唐和我加入苹果的那一天起，这个浏览器替代计划就成了我们的工作。这项工作包含了两个阶段的目标：第一阶段，我们需要制作出一个网络浏览器的应用；第二阶段，我们要研发出一整套网络技术工具包，这套工具包可以让苹果第三方软件开发者更轻松地在自己的软件中添加网络功能，无论是下载文本、图片，还是呈现整个网络页面。简单地说，网络浏览器的确能够让用户在网上冲浪变得更加便利和简单。

从程序员的角度来看，网络浏览器是极为复杂的。由于我从未做过类似的工作，为了让我尽快步入正轨，唐专门为我举办了一个“迷你新兵训练营”。在我们每天早上7点钟去店里买咖啡的途中，唐会为我全面介绍网络浏览器的每一个子系统：内容（文本和图像）、设计（字体、颜色和布局）、脚本（动态行为，例如在提交一个表格前对其进行检查）。他向我介绍了这些在技术领域内需要用到的已公布的标准：超文本标记语言（HTML）、层叠样式表（CSS）和Java脚本编程语言。此外，他还向我讲述了如何将这些软件组合起来以创造复杂的网页。

在唐的引导下，我对这个领域的了解逐渐深入。我发现这项开发浏览器的任务对于仅有两个人的团队来说似乎是不可能完成的，尤其是在我得知网景浏览器制作团队规模非常大的时候。毫无疑问，微软IE浏览器的团队也一定是兵强马壮的。而我们的团队只有两人，我们怎么可能完成这项任务呢?

唐让我不要担心，因为我们是站在巨人的肩膀上，不会像浏览器先驱网景公司那样从零开始。自由软件运动和浏览器之争使得网景公司公开了Mozilla浏览器的源代码，这意味着我们两人可以借用公开代码。我们可以就任何想要的细节去下载和评估软件，Mozilla的许可意味着我们可以在自己的项目上借用他们的代码。

互联网上还有一些其他开源的网络浏览器项目，我们把这些项目当作调查对象，将其列入计划。此外，还有一些付费获取的软件可供评估。即使在尽职调查计划中有很多软件可供参考，Mozilla仍是我们首要的参考对象，主要是因为唐对其代码很熟悉。唐对我们的工作很有信心，认为我们可以胜任原本在网景需要很大的团队才能完成的工作。随着讨论的深入，我意识到唐对 Mozilla 有一种爱恨交织的感情。从好的方面来看，Mozilla 在网络科技领域投入了巨大的资源，我们可以避免重复工作而直接利用其成果；但从另一方面来看，源代码数据库实在太大了，比我和唐在 Eazel 合作开发的软件不知道要大多少倍。由于听了唐对背景技术知识的介绍，我认识到了网络浏览器是一个大型编程项目的事实，我也接受了必须学习和掌握所有新代码这件事情。

的确，当我下载了 Mozilla 之后，对源代码的第一感觉就是规模庞大——接近 150 万行。此前，我做过项目的规模连它的 1/4 都不到。若每页纸打印 30 行，一共需要 5 万张纸才能容得下全部代码。想象一下，这是在强迫你阅读大量复习资料，然后去参加一场可能从任何一行字里提取问题的考试。

不管怎样，这就是我的工作，我最好还是赶紧行动起来，但我很快就遇到了障碍。Mozilla 无法在 Mac OS X 上被构建，也就是说，虽然我拥有 Mozilla 浏览器的全部编程源代码，但当我尝试将这些代码变成可以在刚刚问世三个月的新系统上运行的应用程序时，我发现完全没有办法实现。显然，从来没有熟悉 Mozilla 的人这样尝试过。苹果计算机微不足道的市场占有率阻碍了我们。我在互联网上寻求帮助，但没有找到任何有用的东西，而且我们的项目是保密的，我不可能像普通程序员那样在在线信息板上发布问题，甚至也不能在苹果公司内部向其他同事求助。在经历了几天的失败后，我宣布自己遇到了无法逾越的障碍。

我向唐汇报了自己毫无进展的现状，此时他正忙着与一些可能愿意合作的闭源供应商协商，希望他们许可苹果使用其浏览器代码。唐仍然倾向于使用Mozilla的开源代码解决方案，主要出于对价格的考虑，他认为比起其他付费软件动辄几百万美元的价格，免费软件更容易“卖给”管理层。

与此同时，苹果的上级主管们正在焦急地等待我们的消息——一份简介、一种进步的迹象，或者任何可以说明我们取得进展的消息。很久之后我才知道，斯科特当时已经开始怀疑我们是否能胜任了，很庆幸当时的我并不知道，因为在无法做出任何突破的一个月后，我自己已经感受到了巨大的压力。

唐和我面面相觑，他说自己要出去度假一个星期，这是他在来苹果前就计划好的。他希望我能够在这一个星期里闭关，尽我最大的努力，在 Mac OS X 里面重建 Mozilla。

我开始全身心地投入。我做了非常详细的笔记，在代码上花了大量时间。当唐回到办公室后，我向他提交了一份名为《构建蜥蜴：使 Mozilla 在 Mac OS X 上运行的 50 个步骤》的文件。

每一步都很重要。有些步骤看起来实在妙极了，尤其是在列表中间的一步：重建我的一个编程环境——C 语言函数库。这一步就好像是在软件里面做大脑移植。它让构建蜥蜴看起来不那么像一份技术文件，更像一份低成本怪兽电影的恶魔脚本。

好消息是，这些步骤在某种程度上起作用了，一步一步走下来，我可以制作出一个网络浏览器的图标，并能使之出现在桌面上；而坏消息是这个怪物一般的应用程序无法运行。用鼠标双击图片时，Mozilla 会启动，但无论我如何尝试，浏览器都会立即崩溃，无法加载网页。我开始排查问题出在哪里，当我陷入几百万行代码中时，我感到了绝望。

在进行市面上可见的浏览器评估时，我们同时也在招募其他人加入团队。我们被批准聘用更多的程序员，甚至在官方招聘信息发布之前就已经开始招聘了。唐认识一些在网景公司工作的有浏览器开发经验的人，我们也共同认识一些曾在 Eazel 工作但仍未敲定下一份工作的非常优秀的工程师，我们还很顺利地找到了一些内部推荐的候选人。同时，我们面临一个新挑战：说服那些有很多好机会的人接受一份我们暂时还不能透露具体内容的工作。唐的方法是通过眨眼向对方进行暗示，并告诉对方这是一份“重量级工作”。所有人都拒绝了我们。曾在网景工作过的那些人读懂了唐的眼神中隐含的意思，但没有人想要再做一个浏览器。最近在 Mozilla 身上栽的跟头让我理解他们为什么会做这样的选择。

10×程序员

就在尝试驯服 Mozilla 的过程中，我遇到了另外一位候选人——理查德·威廉姆森，他一开口就告诉我他知道如何快速得到结果。他用一口已经被 20 多年在美国的生活经历冲淡了的不列颠口音的英语，向我讲述了他自己的经历。早在十几岁时，他就创办了自己的软件公司，后来，在斯沃斯莫尔学院读了几年书后，他决定休学，并在史蒂夫·乔布斯创办的软件公司 NeXT 工作了一年。在完成学业又回到 NeXT 后，他时常接到大人物直接安排的工作。比如，有一次史蒂夫派他到日本去与合作伙伴商谈为 NeXT 计算机设计一个扩展网卡的业务，他圆满完成了任务。

理查德说出的每一个单词里都蕴藏着自信，他的经历看起来也支撑得起这份自信。他和我同龄，但当他创办自己的公司的时候，我还在每天玩电子游戏。在 20 岁出头的年纪，他就已经在日本为 NeXT 达成了一项跨国交易。那时我也在日本，但我只是一个刚拿到大学文凭，背着包教英语的长发青年。

但是理查德是真的这么能干吗？还是说他只是一个纸上谈兵的人？我想先了解一些他的工作再做决定，我问了他一些在工作中遇到的技术性问题以及解决过程，每一次他都能很快找到解决方案。我观察到他会用特定的手势来强调自己的答案（见图 2-2），他的两只手的食指和小指伸出，两手指尖相对，两手之间保持与肩宽相等的距离。接着，他把两只手放在一起，随机摇动手臂。当两只手十指相扣放在胸前时，他接着摇晃手臂，但此时两只手臂是同步的，看起来就像发动机通过驱动轴向轮子传输动力一样。我每问一个问题，他都会重复一遍这一整套动作，好像对他来说，开发一款软件就像做驱动轴的动作一样简单。

图2-2 理查德的特定手势

面试后我去找唐，并告诉他我并不确定是否应该相信理查德的话。唐对我说，斯科特·福斯特尔的上司伯特兰·赛莱特在 NeXT 工作时曾与理查德共事，并且对他评价非常高。唐对理查德在面试中的表现有非常深刻的印象，因此希望他能加入团队。但他也尊重我的顾虑，建议我和理查德通个电话，再聊一次。

和面试时一样，在后续的电话中，理查德依然给出了信心满满的回答，我脑海中浮现出他用肩膀夹住耳边的手机以腾出两只手来做驱动轴动作的情景。挂掉电话后，我仍然不确定是否应该吸纳这位成员，但是我没有强有力的反对理由，所以我点头同意，理查德正式成为我们团队中的第三名成员。

在我周而复始地对 Mozilla 进行构建、启动，又见证其崩溃的第二个星期，理查德开始了他在苹果的工作。在他工作的第一天，唐和我向他全面介绍了我们现在的工作进度、准备使用的开源策略、唐与外部公司谈判的情况、我们曾考虑过的作为备选的浏览器源代码、坚守 Mozilla 的决定、我的《构建蜥蜴：使 Mozilla 在 Mac OS X 上运行的 50 个步骤》文件以及依据这份文件制作的不停地因出状况而崩溃的浏览器。

理查德问道："你们在这个浏览器项目上工作了多久？"他的语调毫无波澜。

唐回答："6 个星期。"

理查德皱起眉头，似乎对我们几乎原地踏步的现状感到困惑，他又问了我们一系列关于技术细节方面的问题。他是在寻找我们没有注意到的蛛丝马迹吗？交谈逐渐深入，看起来理查德一直在保持风度，没有问出那个盘旋在他脑海里的问题："你们这两个家伙到底做了些什么？"

后来，在我和唐单独的聊天中，我们一致认为理查德只是不了解这个浏览器项目有多么困难而已，他的看法很快就会改变的。我们都喜欢这位新成员，很清楚他想把事情快速做起来，所以我们可以忽略一些略显粗鲁的言行。我们给了理查德大概一个星期的时间，让他处理好电脑和办公室设备等后勤工作，接下来，我们会向他更深入地介绍这个项目。

没过多久，理查德就完全投入工作了。两天后，他叫我们来看一个示例程序。什么？一个示例程序？

唐和我走入理查德没有窗户的办公室，这里漆黑一片，只有他的Mac计算机发出光亮。我们站在理查德身后，他点击鼠标并打开了一个网络浏览器——不是只有外壳，而是一个真正可以使用的浏览器。他接着加载网页，点击链接，然后返回，点击更多链接，加载更多网页，若无其事得像在进行一次非常普通的网上冲浪。我们到底在看什么？

他解释道，我们正在看的是Konqueror，是几天前我们曾对他提起的开源浏览器之一。Konqueror由KDE社区开发，是一个与GNOME计划有着相似目标的编程社区。与Mac OS和Windows相类似，KDE是一个桌面操作系统，但它是基于Linux内核开发的。

理查德说他下载了KDE系统，并给自己设定了一个简单的目标：在最短的时间内让代码在Mac计算机上运行起来，以便我们评估Konqueror网络浏览器的潜力。由于KDE是基于Linux内核开发的，无法在Mac OS X上运行，于是，理查德做了一个夹层，这是一个软件翻译夹层，其作用在于误导Konqueror，让它认为自己正在Linux操作系统中运行，接着再骗过Mac计算机，使其以为当前运行的浏览器是为自己量身定做的。这里要强调一下：写这样一个夹层是极其困难的。由于我们先入为主地认为这项任务是无法逾越的障碍，所以当看到理查德仅用两天时间就完成夹层时，我们相信了他的自信绝非自吹自擂。我们正在看的是一个天才的杰作。

理查德似乎感受到了我们的惊讶，他告诉我们能够使示例程序运行的两个快捷方式。首先，他使用了 Linux 图形系统，即 X Windows 图形用户接口，而非源于苹果的核心图形系统；其次，他运行了整个 KDE 系统，而不仅仅是 Konqueror 浏览器。尽管对于有些人来说，这些东西听起来莫名其妙，但我和唐却非常清楚，理查德进一步介绍了他的工作，唐和我开始研究这些快捷方法是如何让 Konqueror 的代码快速运行起来的。

理查德并不在意 X Windows 用户接口似乎与 Mac 计算机屏幕上方的菜单栏不那么匹配，也不在意这个系统无法提供高像素级的字体渲染，更不在意整个 KDE 系统其实包含了许多与网络浏览器不相关的软件。理查德很清楚这些技术细节需要在未来一段时间内解决，在他回到电脑前继续进行网页浏览时，盘旋在观看示例程序的两位观众心头的不安感也随着时间逐渐消失。

正如理查德之前所告知的那样，仅仅需要一个夹层、两个快捷方式以及两天时间就能够做出一个可以使用的浏览器示例程序。理查德快速形成的成果充分体现了 Konqueror 这座矿脉的潜力，这是一个我们可以探索、开采以及利用的宝藏。

我和唐已经为网络浏览器项目忙碌了 6 个星期，几乎毫无进展，我们仍然没有写出可以演示的程序代码，也没有做出任何计划。在很短的时间内，理查德下载了一个 Linux 网络浏览器，并略施小计诱导

Konqueror 在 Mac 计算机上运行。他的示例浏览器能够打开、加载网页，不但没有崩溃，反而运行得非常顺畅。我和唐十分惊讶。如果理查德再配上他标志性的驱动轴手势，那么我可能会晕倒。

理查德是怎么做到的？唐和我都是经验丰富的工程师，唐在网景公司从事了很多年的网络浏览器开发工作，但理查德的示例程序让我们猝不及防。

怎样才能更好地理解他的成就，并衡量、量化它呢？我们必须用硅谷传说中的“10 × 程序员”来定义理查德。10 × 程序员说的就是像他这样的以一顶十的具有超高效率的软件天才。

这样的人真的存在吗？毕竟这种普通和卓越之间的巨大差距在日常生活中并不常见。如果你每分钟打 50 个字，坐在同一家咖啡店里面打字的另一位仁兄不可能每分钟打 500 字。真实的物理世界里有绝对限制，就人体生理机能而言，即便是精英也不会超过生理限制。即使是奥运短跑冠军，也不可能在 1 秒钟以内完成 100 米赛跑。

这类限制在技术开发领域依然有效吗？在 1975 年出版的软件工程领域的经典《人月神话》中，作者小弗雷德里克 • P. 布鲁克斯认为绝对限制依然有效。20 世纪 60 年代，布鲁克斯曾在 IBM（国际商业机器公司）负责管理 OS/360 主机操作系统项目，他在这段经历中积累了很多经验并分享了出来：“当一个任务由于严格的时序约束而无法被分割时，只增加人力对加快整体进度没有任何帮助。就像无论有多少妇女参与，从怀孕到孩子出生都需要花费 10 个月时间一样。”

在软件开发过程中，这些限制是必然且一直存在的吗？在布鲁克斯谈到的大型项目中，成百上千的小团队共同完成相互关联的计划，遵从共同的时间表，这种团队规模的确限制了工作的速度，过多的联络和流程协调限制了每个个体能力的发挥，即便是天才也难有用武之地。

但是，在软件开发的早期阶段，摆脱这种限制是非常有可能的，尤其是在团队规模很小而且仍在寻找灵感的时候。这就是理查德加入苹果时，我们所处的情境。我们仍在探索能启动网络浏览器开发工作的概念框架，而现在，理查德已经向我们展示了这一成果。不仅如此，他还证明了在软件开发的早期阶段，10 倍的效率差距绝不是上限。实际上，理查德仅两个工作日的成果就远远超出我和唐在先前合计 12 个星期所做的全部工作。这差不多已经是 30 倍的差距了。

示例程序法

怎么解释这种巨大差异呢？表面来看，这要归功于理查德的编程的成果——他做的软件夹层；或者，他利用 Konqueror 浏览器做文章似乎与我在 Mozilla 上下功夫一样，也许他只是一个比我更优秀的程序员。如果没有他的编程能力，就没有接下来的故事了。

这种解释未免显得太单薄。理查德是在灵感萌发、直觉判断、推理和预测等一系列工作的基础上决定把夹层作为链条的最后一环的。他的夹层是整体计划的最终结果。为了把我的意思表达清楚，我们接下来盘点一下理查德在刚到苹果的几天内所做的工作。

首先，他浏览了我们在此之前所做的所有关于浏览器的研究，然后他迅速地判断出他需要抛弃对 Mozilla 的研究，因为这样下去大概率不会带来想要的结果。他勇敢地走出了这一步，充分显示了他的自信，同时也没有向在这一领域耕耘已久的上级表现出谦卑和顺从的态度。接下来，理查德决定在最短时间内得到结果。他下载了一个可能有潜力的开源项目——来自 KDE 社区的 Konqueror 浏览器的代码，这个浏览器可能会成为我们长期努力的基础。为了使这个代码在 Mac 计算机上运行，他决定在最短时间内做一个可以模拟真实浏览器的示例程序。他确定了三项功能——加载网页、点击链接、返回上一页。他列出的这几个功能足够说明了概念的可行性。随后，他制作了快捷方式，这些简化了的选项定义了一套不需要达成的目标——完美的字体渲染功能被废除，这是为了与 Mac 计算机本身的图形处理系统相匹配，也是为了尽量少地使用 KDE 的源代码。他认为，这些快捷方式虽然非常醒目，但不会分散使用者在浏览网页时的注意力。理查德着手将这些线索串联起来，集成在一个示例程序里，向我们展示了 Konqueror 的潜力。最终，他完成了技术细节，开发出了软件夹层，这是实现计划的关键要素。他的思考过程使得其自身的技术能力得以更大程度地施展。

与之相反，唐和我都寄希望于 Mozilla 能担起重任。我甚至没有深入思考，就一直尝试在 Mac 计算机里运行 Mozilla 庞大的开源代码。我没有设置任何类似的计划、目标、不需要达成的目标、紧凑的时间表、技术路径。

最重要的是，这种思维方式上的差异导致了截然不同的结局。这也绝不是因为唐和我陷入了一个暂时的困境。我们初来苹果的做事方式还是像之前在 Eazel 一样，我们不可能做出优秀的桌面—云集成服务样机的原因就在于，直到公司耗尽现金，遣散了大多数员工的那一天为止，我们都未曾尝试从整体上集成我们的软件。在 Eazel 工作的那段岁月里，我们从未想过使用类似理查德展示的这种快速完成计划的方法。

如果唐和我沿袭旧有的思路继续在苹果做事情，我们真的不知道哪一天才能做出示例程序。在我们职业生涯的那个阶段，我们根本不知道如何开启一个大项目，如何踏上寻找成功的征途。

理查德对这一切都很清楚。他的示例程序就是解决问题的关键。他向我们证明了 Konqueror 浏览器可以在 Mac 计算机上使用。他用简单的方式展现了这个代码的潜力。的确，是理查德的软件夹层使其突破成为可能，但想想看，他围绕自己的计划所构建的概念框架，以及为了做出浏览器示例程序突破的重重困难，直到最后才用一个小小的自定义程序片段——夹层——使问题得到圆满解决。这种逐步累积起来的效应最终会创造出一个真实浏览器的幻影，尽管展现出来的仅仅是不完整的一部分。

这种方式起作用了。唐与我看到示例程序，就好像理查德把我们叫进办公室，办公桌上放置着一个水晶球，他挥手召唤我们走近，并向我们展示网络浏览器未来的模样，为我们指明了将梦想变为现实的路径。

理查德的示例程序也涉及一些常识，我会借助另一个有着悠久历史并且擅长利用简化选择和割角法的行业来介绍这些常识。与理查德在示例程序中使用的技巧一样，这些常识能让我们看到实际上并不存在的东西。

以好莱坞的外景场地为例，电影制片厂需要用到一些半永久性的户外场所，这里的人行道、小巷以及主要街道都是拍摄电影所需要的场景。尤其是在特技拍摄和计算机辅助特效技术广泛应用以前，外景地的作用是至关重要的。即使预算有限，一个外景地也可以改变一个场景。为了给观影者呈现出令人信服的景象，我们必须在荧屏上展现一定数量的真实景观。

我最喜欢的外景之一来自《雨中曲》，这部音乐电影由米高梅电影公司出品，拍摄于 1952 年，由吉恩・凯利和黛比・雷诺斯主演。以其中最著名的舞蹈片段为例，吉恩・凯利在黛比・雷诺斯的公寓门口与她吻别道晚安后，兴高采烈地轻踏、跳跃、溅起水花，在倾盆大雨中旋转（见图 2-3）。这一场景设置在好莱坞的一个外景地，它看起来像一个城市的街道。就在凯利跳着舞从建筑物的屋顶上往下冲时，他跳过了 La Valle 女帽店。这家店看起来很诱人，陈列着几顶时髦的女帽。当然，这不是一家真正的商店。店面可能是一间后面什么都没有的铺着鹅卵石的公寓，也可能是一间工作室。穿过商店的门，也许是米高梅的簿记员或办事员的办公室。我们不在乎。我们被歌曲和舞蹈迷住了。把这个假帽子店和一排早些时候看到的另一件道具——凯利跳上去的人行道边上的那根灯柱——进行比较，与帽子店不同的是，灯柱道具必须是真实的，或者至少要真实到能够支撑演员的体重。外景地的其他灯柱也建得同样好吗？我们不知道，但我们不在乎；它们也许建得同样好，也许建得没那么好，但是布景设计师需要确保一个特定的灯柱足够坚固，让电影中的主角能够跳上去。它必须建得很好，因为舞蹈编排需要它。

图2-3 吉恩·凯利在雨中跳舞

同样，尽管示例程序并不是产品本身，但它必须要有足够的说服力，让人们开始探索某种思路，向做成产品的方向迈进一步。就像电影一样，示例程序应该经过特别精心的设计，需要被展示的和需要被排除的都必须非常明确。这些事情虽然不是做一个示例程序的主要着眼点，但也需要合理设置，在合适的细节级别上被展示出来，这样它才可以服务整体而不会让人转移视线。

理查德将这套理论付诸实践。他选择了可能会在正式产品中应用的 Konqueror 开源浏览器作为工作的基础，确保这套示例程序可以加载网页、点击链接以及返回上一页（这几项都是浏览器的核心功能）。字体渲染并不符合苹果的标准，有些字符不平滑、参差不齐，但是文本已足够清晰，所以理查德没有在排版上浪费太多时间。他完全不会在不相关的细节上耗费精力，也没有制作键盘快捷键或者设计一个漂亮的苹果图标。他将重要的、可用的以及可忽略的功能认真地进行排序，以保证最大程度的影响力，尽量减少干扰，并严格按照自己设置的时间表完成工作。

在理查德向我展示这个浏览器示例程序之后的若干年，我一直在效仿他的这套工作方法。当我做一个示例程序时，我会考虑目标受众，并在此基础上决定这个示例程序需要包含哪些功能。我用想象中的一支粗马克笔围绕所有重要细节画一个圈，就像电影场景里面的灯柱一样，我尽最大努力地保证它们的真实度。我把剩下的不那么重要的细节留在了圈外，这些细节最终还是会出现在成品中，但现在不急于展现它们。我尽可能地在它们身上少分配一点儿注意力。就像那间帽子商店的内部构造一样，如果可以，我会把所有不重要的东西都从示例程序中清除。在两者交汇的地方，我会非常小心。有些元素刚好落在粗线上，这是需要关注的细节，因为它们有助于构建场景，让受众打消疑虑。比如，一个应用程序的用户界面仍处于开发早期，我可能会将另外一个应用程序的用户界面放在我的示例程序中，而不会花时间做一个完全可用的用户界面，因为此时用户界面是次要的。这就像在商店橱窗里放置几个道具帽子，我希望观看示例程序的人认为他们看到了真实的效果，尽管这些场景未必是真实的。我知道示例程序并非真正的产品，我的同事们也清楚这一点，但是在产品开发过程中，呈现出我们试图实现的效果是非常重要的，因为这样一来，我的同事们就会将示例程序当作真正的产品来给予反馈。

这种在整个开发过程中建立“分镜头剧本”的尝试，体现了电影拍摄外景地与示例程序的一大共同特征，它们都是宏大故事中的元素。每一个元素都在推动故事的发展。吉恩·凯利在雨中的舞蹈和歌唱表现了初吻的喜悦，在电影里的那个时刻，男女主角把他们坠入爱河的信息传达给了观众。这是好莱坞电影的“魔法”时刻。理查德的示例程序让我们看到了 Konqueror 开源代码的潜力，我们认为这极有可能是我们一直以来苦苦寻求的答案。这是硅谷软件“魔法”的巅峰时刻。

久而久之，唐和我都理解并吸收了理查德展现给我们的示例程序。我们寻找能够加快进度的各种方法，排查任何可能会因缺乏潜力而拖延项目的因素，选择捷径以避免不必要的劳动，将精力集中在关键之处，以尽快接近最终目标，将我们自己最艰辛的努力转化为最强大的影响力，将灵感、决断力、技术融为一体，完成一个又一个示例程序。

我们学到的这些知识都来自理查德，他改变了我们工作的方式。

第 3 章

第一次 “尤里卡时刻”

我冲进走廊去找唐。当我们回来时，我关闭浏览器，然后重新加载雅虎主页。在同样的停顿期间，我们屏住呼吸……接着我们看到了同样的黑色长方形。我们的浏览器终于开始做点儿什么了！

移植策略

在理查德向我们演示了他的示例程序后，我们仍然对代码开源的Konqueror浏览器所知甚少，但是当务之急是尽快确认它是否真的像看起来的那般美好。唐建议我们仔细研究它的源代码，即对软件的编写进行说明的代码主体，它决定了软件的功能框架。唐特别明确地希望我们将Konqueror浏览器与KDE的其他软件隔离开来——必须抛弃理查德在示例程序里面所走的捷径。他还需要我们评估Konqueror浏览器的复杂程度，所以我们得数一数它的源代码究竟有多少行。数数这个看似简单的行为可以让我们把Konqueror与Mozilla做个对比，也可以让我们感受到把理查德的示例程序变成真正的产品到底有多难。

唐把数代码的工作交给了我，他可能是想让我投身于理查德那令人印象深刻的编程成果中。如果真是这样，那么不得不说他的方法奏效了。在示例程序演示的第二天早上，我6点钟就来到了办公室，比平时提前了足足一个小时。在我的办公桌上，Mac 计算机旁边，有一个台式机。我计划用这个台式机下载所有的 KDE 源代码。在下载完成后，我会浏览所有的代码，然后运行一些测试，将 Konqueror 的源代码从整个系统中分离出来。

在等待安装程序运行的过程中，我看着面前的两台计算机——一台装载着 Linux 系统的计算机，一台 Mac 计算机。两台计算机在我的桌面上仅有几英尺的距离，但两者搭载的软件却有很大差别。尽管 Linux 和 Mac OS X 都可以追溯到由贝尔实验室在 1969 年推出的 Unix 操作系统，但二者早已沿着各自的路径分道扬镳，渐行渐远。久而久之，Linux 和 Mac 好像变成了使用同一种语言的两个独立国家。只不过在 Linux 中用“lorry”来表示“卡车”，而在 Mac 中用“truck”来表示“卡车”。在终端用户使用的应用程序层面，二者的兼容性很差，但对于程序员来说，在底层算法层面，二者的相似度是比较高的。它们保留了一些相同的技术语法和语义，都可以运行用 C++ 语言编写的程序，而 Konqueror 的开发者正是用 C++ 语言编写了这套浏览器。尽管如此，这两个系统还是会使用不同的编程词汇和习语在 C++ 中进行编程，尤其是在图像用户界面上。结果，我们并不能简单地把一个系统上的源代码复制过来在另一个系统上使用。我们如果要把 Konqueror 作为浏览器项目的基础，就必须修正 Konqueror 在 Linux 系统下运行的源代码中的术语和技术差异，并用可靠的软件工程替换理查德的夹层。把为某特定操作系统编写的代码改编成适用于另一个操作系统的代码，对于程序员来说是很常见的任务，这项任务可以用一个专门的词——“移植”来形容。由于我们只能从看似为 Mac 计算机量身定做的源代码出发——而我们都知道并非如此——开发出一个符合苹果标准的网络浏览器，因此程序员的工作必须要做得非常漂亮。

从 KDE 中分离出网络浏览器代码并没有花费我太长时间。这个软件有非常整洁的结构，Konqueror 基本上藏身于 KHTML 和 KJS 两个目录下。

在将它们分离出来后，我命令计算机计算两个目录下的代码行数。这会让我们更好地估计“移植”工程的整体工作量，行数越少则工作量越少。看到结果后，我开心地笑了，当我把结果告诉唐和理查德后，他们也笑了。Konqueror 的代码仅有 12 万行，还不到 Mozilla 浏览器的规模的 1/10。起初，我们还没有办法相信两个功能相近的浏览器在代码数量上会有如此大的差异。

唐对此进行了解释。Mozilla 项目领导团队的初衷是将软件变成像乐高一样可以随意组装的构件。但是，这项计划需要大量额外的样板代码——程序员不得不使用复用系统做一些类似于填写大量表格的事情来注册新代码。这导致他们的浏览器臃肿不堪。我们已经清楚两种不同的工程决策导致 Mozilla 和 Konqueror 在代码量上的比例为 10：1，很显然，组装构件的概念完全失去了优势。Mozilla 臃肿、笨拙，而且使用起来非常麻烦。

Konqueror 团队则采取了相反的策略，他们的代码是精练而灵活的，他们更崇尚简洁。他们的软件风格更像海明威，而 Mozilla 则像出自福克纳之手。

Konqueror 的源代码更简洁，理查德已经利用 Konqueror 做出了很棒的示例程序，而且我对源代码行数的分析仅花了几个小时。尽管这一切并不意味着我们的“移植”工作一定很轻松，但是我们对成功来得如此之快感到非常喜悦。

这给我们接下来的汇报工作带来了信心。唐说他将与理查德一起向软件工程管理链的上级演示这个示例程序，希望得到斯科特·福斯特尔、他的直接上级伯特兰·赛莱特以及伯特兰的上级阿瓦德斯·特凡尼安的支持，让他们同意我们把 Konqueror 作为网络浏览器项目的基础。

几天后，这些高管正如我们期待的那样被震惊了。理查德的示例程序如此清晰且有说服力，我们无须多费口舌就让管理层确信浏览器项目已经步入正轨。

经过他们的许可，下一步的工作就是制订把 Konqueror 的 12 万行代码向 Mac 系统“移植”的策略。要想理解我们即将开展的工作，需要对软件开发专业术语有一定的了解。

代码与菜谱

当我需要计算机执行一项工作时，我用一种编程语言，比如 KDE 开发者编写 Konqueror 浏览器时使用的 C++ 语言，在计算机上输出明确的指令。

如果你对程序员用来写代码的符号不太了解，那么这种描述听起来可能会有点儿不知所云，但是抛开这些学术名词，计算机程序就像菜谱一样，两者都为完成某项任务提供了指引。不同之处在于，厨师们写的菜谱是供人们阅读的，而程序员不能用同样的方法给计算机写代码，因为计算机本身并不理解编程语言。计算机只能识别二进制语言中的数字 0 和 1，所以，要让计算机执行我命令的工作，我必须把 C++ 代码用编辑器转换成计算机可以识别的二进制的形式。这种将人类语言转换成机读语言的过程就叫编译或构建，这个翻译的过程也解释了为什么用编程语言编写的一行行代码叫作源代码。通过编译器，它们可以转换成计算机可以执行的二进制代码。

类似网络浏览器这种全功能程序，需要的源代码的数量是巨大的，即使像 Konqueror 这种相对简洁的程序，其代码也超过 10 万行，程序员要把所有代码分割成独立的源代码文件。这样做可以让程序员分别负责独立的子任务。比如，在网络浏览器这个项目中，负责处理网络地址（URLs）的代码可能被集中在一个源代码文件中，而另一个相对复杂的相关领域，比如利用网络地址从互联网上下载数据的代码可能会被分散在很多源代码文件中。

```
/*
   Copyright (C) 2001 Apple Computer, Inc. All rights reserved.

   Redistribution and use in source and binary forms, with or without modification, are permitted
   provided that the following conditions are met:

   1. Redistributions of source code must retain the above copyright notice, this list of
   conditions and the following disclaimer.
   2. Redistributions in binary form must reproduce the above copyright notice, this list of
   conditions and the following disclaimer in the documentation and/or other materials provided
   with the distribution.
```

```
    THIS SOFTWARE IS PROVIDED BY APPLE COMPUTER, INC. ``AS IS'' AND ANY EXPRESS OR IMPLIED
    WARRANTIES, INCLUDING, BUT NOT LIMITED TO, THE IMPLIED WARRANTIES OF MERCHANTABILITY AND
    FITNESS FOR A PARTICULAR PURPOSE ARE DISCLAIMED. IN NO EVENT SHALL APPLE COMPUTER, INC. OR
    CONTRIBUTORS BE LIABLE FOR ANY DIRECT, INDIRECT, INCIDENTAL, SPECIAL, EXEMPLARY, OR
    CONSEQUENTIAL DAMAGES (INCLUDING, BUT NOT LIMITED TO, PROCUREMENT OF SUBSTITUTE GOODS OR
    SERVICES; LOSS OF USE, DATA, OR PROFITS; OR BUSINESS INTERRUPTION) HOWEVER CAUSED AND ON ANY
    THEORY OF LIABILITY, WHETHER IN CONTRACT, STRICT LIABILITY, OR TORT (INCLUDING NEGLIGENCE OR
    OTHERWISE) ARISING IN ANY WAY OUT OF THE USE OF THIS SOFTWARE, EVEN IF ADVISED OF THE
    POSSIBILITY OF SUCH DAMAGE.
*/

#include <Foundation/Foundation.h>
#include <loader.h>
#include <kurl.h>
#include <dom_doc.h>
#include <KWQKHTMLPart.h>
#include <WCURICache.h>

KHTMLPart::KHTMLPart(const KURL &url) {
    d = new KHTMLPartPrivate(this);
}
KHTMLPart::~KHTMLPart() {
    delete d;
    _logNotYetImplemented(); // FIXME
}

void KHTMLPart::slotData(id <WCURICacheData> data) {
    if (!d->m_workingURL.isEmpty()) {
        begin(d->m_workingURL, 0, 0);
        d->m_workingURL = KURL();
    }
    write((const char *)[data cacheData], [data cacheDataSize]);
}

bool KHTMLPart::openURL(const KURL &url) {
    closeURL();
    d->m_workingURL = url;
    id <WCURICache> cache = WCGetDefaultURICache();
    NSString *nsurl = [NSString stringWithCString:url.url().latin1()];
    [cache requestWithString:nsurl requestor:d->m_recv userData:nil];
    return true;
```

```
}

bool KHTMLPart::closeURL() {
    d->m_workingURL = KURL();
}

DOM::Document KHTMLPart::document() const {
    return d->m_doc;
}
```

厨师们会将菜谱分割成若干独立的部分。比如，班尼迪克蛋的配方会包含一个荷兰酱的子菜单，此外还有关于如何煮蛋、煎加拿大培根，以及烤英式松饼的子菜单。但是菜谱作者可能不会在班尼迪克蛋的配方中把荷兰酱的制作方法介绍得很详细，尤其是当荷兰酱在菜谱中随处可见的时候，比如，可能在制作芦笋的部分就已经介绍过荷兰酱了。一个综合性的菜谱很可能只会介绍一次荷兰酱的制作方法，然后在其他需要的地方做一个索引，比如，“荷兰酱的制作方法见第 123 页”。

程序员也使用同样的方法。在编写一个关于从网页上下载数据的源代码文件时，我会用到处理 URLs 的代码。我不会把整个代码复制到我需要的所有地方，而是会用一个包含指令来引用 URLs 源代码文件，这与班尼迪克蛋中的荷兰酱制作方法的前后参照有异曲同工之妙。软件中存在包含指令的原因与菜谱中存在交叉引用的原因是一样的。有了这类指令，程序员在每一个特定的任务中只需要写一份详细的指令就可以了。

这个系统并不完美，因为这种相互参照的结构会增加出错的概率。比如，我正在做一份班尼迪克蛋，按照索引前往第 123 页研究如何制作荷兰酱，但当我翻到第 132 页时，我却找不到制作荷兰酱的方法。

在编程过程中，这类错误比比皆是。人是容易犯错误的，而计算机是铁面无私的。编写程序时很多事情都会出错，比如使用了错误的编程语法（就像在菜谱中出现拼写错误一样），或者在包含指令下参照了错误的文件（就像翻到了菜谱里错误的页码而无法找到荷兰酱的做法一样）。更重要的是，如果你的表达不够准确，那么编译器很可能无法正确理解你的意思。

每当我犯了上面任何一个编辑错误，编译器都会向我发送一个出错信息提示，信息内容简单而精确："期望的表达式，第 3 行，第 5 列。"这种未被满足的期望可能是打字错误或者简单的逻辑错误，这类报错就像主厨在一个忙碌的餐厅里巡察时，看到初级厨师在准备班尼迪克蛋时提醒他"荷兰酱太厚了"。这两种信息都起了报错的作用，它们尽管没有提供改正错误的方法，但依然非常重要。

当我下厨时，即使我每一次都一字不漏地参考一本优秀的菜谱，端上餐桌的菜品可能也不尽相同。有时可能味道不错，有时可能需要多加点儿盐，有时可能因为厨艺太差而没有达到期望。在计算机的世界里，我即便修正了编译器提示的所有错误并成功地让程序构建起来，最终也很难让这个程序在第一次构建完成后就按照我们计划中的方式运行，并输出预定的结果。代码可以被准确无误地编译，但我们可能无法在计算机上得到想要的结果。网络浏览器这类复杂程序在运行过程中可能会发生无数种行为错误：文本在错误的位置上被渲染，图片由于图形错误被截掉一部分，一个按键或者链接对点击无响应。网络浏览器程序也可能由于一个严重的编程错误而彻底崩溃，这有点儿类似于你在下厨时把一碗配料洒到地上。在代码被顺利编译之后但尚未按照预定目的运行并给出满意的程序之前，持续的修订和改进就是不断重试的过程。就像你尝试在厨房里完善食谱一样，要让一个程序构建起来并按照预定计划运行需要大量的重试——重写源代码以改进编程指令、修正编译器错误信息、重建代码、运行程序或应用、排除故障，然后回到源代码进行编辑，并不断地重复这一过程，很快你将见证这一切。

修正、重启、报错……

在得到管理层的支持后，理查德和我立刻来到唐的办公室，一起讨论下一步的“移植”策略。

首先，我们需要回到理查德的示例程序上，完成功能的简化。要做到这一点，我们需要将 Konqueror 浏览器相关功能的源代码文件复制到 Mac 计算机中，并用这些代码构建软件。在此之后，我们可以开始测试和调试程序，使得被构建的浏览器看起来像本来就属于 Mac 软件系统一样。

别忘了，由于 Konqueror 是自由软件，我们必须遵从斯托尔曼先生的要求，授权原开发者获取源代码。我们管理层很愿意将部分软件开源，但是保证大多数代码闭源私有也是非常有必要的。原因很简单，

Mac OS X 是苹果的重要收入来源。在其后的 iPhone 时代，苹果免费为使用者升级软件，但在我们开发浏览器的时候，公司以每台计算机 129 美元的价格在美国境内出售 Mac 操作系统。当我们制订网络浏览器策略时，高管们给我们的指令可不是把浏览器当作“完全自由开源”的产品或“啤酒节的免费啤酒”这种吸引客户付费的产品来制作的，浏览器更应该是闭源而且能给公司带来收入的产品。

唐、理查德和我必须在这个框架下工作，正当我们敲定“移植”策略中开源和闭源的部分时，一个有趣的化学反应开始在我们三个人之间发生。

唐喜欢不停地钻研自由软件许可的各种细节。当他在网景和 Eazel 工作时，他就是这个话题的专家，喜欢翻来覆去地讨论这些许可的优势、弊端以及不同许可的各项条款。他对阐述 LGPL（宽通用公共许可证）的各类分支有着显而易见的浓厚兴趣，LGPL 是给 Konqueror 源代码授权的自由软件许可。这些条款要求，我们只要在 Mac 计算机的“菜谱”中任何一个独立章节内保留了 Konqueror（哪怕只是用它的代码做了交叉引用，或者为了使它在 Mac 计算机上“味道更好”而对 Konqueror 这道菜的配方做出修改），就必须遵守斯托尔曼的自由软件许可的规定。

理查德看起来完全不在意自由软件，用翻白眼和叹息来回应唐的一次次关于软件许可的超长演说。

我徘徊在他们二者之间。我认为自由软件许可很重要，尊重前人的工作当然是理所应当的；更何况，如果不遵守 Konqueror 的许可条款，那么我们可能会让苹果公司惹上官司。我不想陷入必须遵从协议的困扰，但我认为花点儿时间认真思考以扫清技术和法律上的障碍是很有必要的。

我们为了获得许可而采取的不同方式，让这个软件策略看起来像由三个书呆子重演的《金发女孩和三只熊》。幸运的是，“达成一致”并没有想象中那么困难，几个小时后，我们敲定了计划。为了解释清楚这个计划，我们需要再次用菜谱做比喻。

把建成 Linux 和 Mac 操作系统的数百万行代码，想象成由多个独立作者撰写的综合菜谱。在这些菜谱中，一定会有重复的内容，但每一道菜的配方本身一定是不同的。Mac 计算机的菜谱并不包括网络浏览器，而 Linux 菜谱的 KDE 部分刚好有一个名为“Konqueror”的章节。我们的策略是扯下这一章节，将剩下的内容全部抛弃，然后将扯下的这部分名为“Konqueror”的章节粘贴到 Mac 菜谱中。这会产生一个显而易见的问题：我们会破坏 Konqueror 这一章里面所有的位于被抛弃部分的交叉引用——在第 123 页不会有荷兰酱的制作方法了。

要使这个插入页面的计划得以实现，在把 Konqueror 章节粘贴到 Mac 菜谱中之前，我们必须认真检查这一章节中的每一个索引。如果苹果软件中已经存在可以直接利用的索引内容，比如颜色、字体等通用计算机资源，我们可以直接重新建立索引。如果尚不存在可替代的索引内容，比如一个网址收藏系统，那么我们要从头开始写一份新的配方。我们认为，无论是在 Konqueror 还是 Mac 计算机上，这种改变都是能够让新的菜谱可以为大家所用的必要步骤。

在编程方面，当我们将Konqueror的代码复制到Mac计算机中并尝试构建时，我们就知道不可能马上把它做好——任何一个失效的交叉引用都会导致编译错误。我们必须修正所有错误，而且我们知道这种错误不计其数，因此，我们不会立刻得到一个可用的浏览器。关键是，只要我们能够利用Konqueror源代码构建软件，我们就有了开发网络浏览器的坚实基础，在此之后，我们将不断地调试、排除故障、测试、优化代码。

我们在策略中增加了最后一个重要元素。我们猜想，在Konqueror代码可以在Mac计算机上顺利运行之前，某些部分可能需要计划外的编程工作。我们决定给源代码添加注释，提醒我们稍后回到这里提高代码的适应性。程序员会经常使用这种注释，我们称之为“FIXMEs”[1]，对于这样一个即将开始的大型“移植”工程，我们会添加非常多的FIXMEs。几个月后，我们会感激自己此时所做的决定，之后，我们一直保留了这一工作习惯，只要在编辑代码时发现疑问，就会添加这个注释。每一个注释都是编程任务清单中的一项工作。

总体来说，我们的策略有很多有利的地方。我们相信自己可以在不与任何自由软件许可产生冲突的前提下使用Konqueror。添加FIXMEs可以为成功构建软件后的调试和故障排除工作打下基础。首先开始的构建阶段的工作会非常直接——消除由失效的交叉引用带来的所有编译错误。12万行Konqueror代码分散在300个源代码文

① 直译为“修正我吧！”——译者注

件当中，我们估计将全部文件编译完毕需要一两个月的时间，但不会超过两个月。

这在当时听起来是没问题的，但是对于这项构建工作的乏味程度，我们完全没有做好心理准备。接下来你会看到，我是如何度过这段日子的。我尝试着构建一个 Konqueror 源代码文件，失败了，编译错误信息提示缺少交叉引用，这意味着在扯下 Konqueror 章节的过程中交叉引用被破坏了。接着，我解决了这个问题，重新构建，又出现了另外的错误信息。接着，修正、重启、报错，我一遍又一遍地重复这个过程。我坐在办公室里盯着计算机屏幕，构建、阅读，然后回应编译器的报错信息。我感觉自己就像存在主义戏剧里面的一个角色，注定要与编译器进行重复对话。

第一幕 场景 36

库比蒂诺苹果无限循环总部，肯的办公室

肯坐在他的座位上，双手置于键盘上方。他输入了一个可以调用编译器的命令，要求其编译一个名为 kjs_bingding.cpp 的文件。

编译器：`kjs_binding.cpp:error on line 200:use of undeclared identifier"protocol"`①

肯查询了与“protocol”相关的声明，将其输入编译器。

肯：搞定了，编译器。我已经声明了“protocol”，请再试一次。

肯再一次输入了调用编译器的命令，要求其编译名为 kjs_bingding.cpp 的文件。

编译器：`kjs_binding.cpp:erro on line 201:use of undeclared identifier"host"`②

肯查询了与“host”相关的声明，将其输入编译器。

① 译为：使用了未声明的“protocol”。——译者注

② 译为：使用了未声明的“host”。——译者注

肯：天哪，我竟然遗漏了“host”的声明。搞定了，请再试一次。

同样，肯输入了调用编译器的命令，要求其编译名为 kjs_bingding.cpp 的文件。

编译器：`kjs_binding.cpp:erro on line 202:use of undeclared identifier"port"`①

唐、理查德与我一起经历了构建测试版本的煎熬，在吃午餐和休息时，我们经常互相倾诉难以忍受的烦恼，并彼此同情。我们也无法把这项工作丢给初级程序员或实习生，苹果的工作方式不允许出现这样的行为。保密是其中的一个原因，但更重要的是，苹果不会把研发工作和软件实施工作分割开，我们必须负责网络浏览器项目从产生创意到交付给消费者的整个过程。

面对枯燥乏味的工作，我们无从脱身，只能坚持。每一个小时的单调重复都是在推进“移植”工程，我们对每一份文件的浏览都是学习和理解被我们采用的源代码的机会。渐渐地，一天又一天，一星期又一星期，我们逐渐缩减了仍然需要用于构建的文件列表。

我们对工作时间的预计是比较准确的，最终，我们按时完成了编译器错误信息的排查工作。Konqueror 浏览器在 Mac 计算机上构建成功了，一个可以双击打开的应用程序出现在我们面前。当我们打开它时，全新的浏览器显示了一个空白的窗口，现在我们需要调用指令来让它从事浏览器的本职工作：加载网页。然而它无法进行这一步，我们尝试了很多次，而大多数时候程序会崩溃，其余时候浏览器似乎也无法完成任何任务。

---

① 译为：使用了未声明的“port”。——译者注

现在是我们添加的 FIXMEs 发挥作用的时候了。我们编写了在尝试加载网页时可以自动生成报告的代码。代码中每一个 FIXME 都在报告中体现为一个条目，它们很清晰地告诉我们，虽然我们的浏览器没有生成可视的网页界面，但在这一表象背后，在软件深处，浏览器依然做了很多工作。

我们三个将目光投向紧挨着浏览器界面的 FIXME 报告界面，我们一边操作浏览器，一边关注当前的报告。我们的工作流程变成了这样：尝试加载页面，观察报告，变更源代码以解决 FIXMEs 呈现的最严重问题，然后重试。

在调试阶段刚开始时，这个报告包含了众多条目：渲染图像未实施、网页链接未实施、运行 Java 脚本未实施……后来，随着改进代码的行动的持续进行，我们将很多“未实施”的条目更新为“部分实施”，当一个区域里面的 FIXME 全部被修订后，我们将区域中的注释全部移除。然而，当解决了不计其数的问题后，我们的浏览器窗口对任何指令都毫无反应。整个界面依然布满了白色的像素块，而大量的 FIXME 报告继续无情地指出我们接下来的工作还有很多。

黑色石碑

我们继续坚持，在数星期单调枯燥的工作后，理查德不得不提出休息几天。他一直在专心研究对屏幕渲染元素非常重要的图形例程。他坚信自己很快就会消灭最后几个关键的 FIXMEs。他与我做了简单交接，我接手了他的工作。经过几个小时的研究，我似乎找到了解决问题的关键，用拟人的方式来表达这个专业问题，就是我们想要画出网页，但手中的笔从来没有放在纸上。这有点儿类似于网络浏览器版本的空气吉他。我写了几行代码来处理这个问题，接着我构建了浏览器测试程序，然后打开了它。

我键入了一个链接地址：http://www.yahoo.com。FIXME 报告上出现了一行又一行提示，但浏览器没有崩溃。几秒钟后，浏览器开始工作，它给我画了一幅画（见图 3-1）。

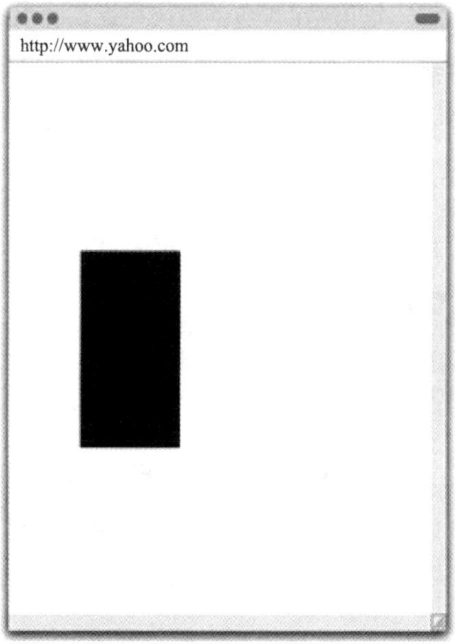

图3-1 一块黑色石碑。我们的苹果浏览器真正意义上从互联网上加载的第一个“网页”

我关上了浏览器程序，然后重试了一次。它加载出了跟以前一样的雅虎主页。FIXME 报告的信息更新完毕，浏览器没有崩溃，它又出现了一个短暂的停顿……然后，同样的黑色长方形又出现了。

我冲进走廊去找唐。当我们回来时，我关闭浏览器，然后重新加载雅虎主页。在同样的停顿期间，我们屏住呼吸……接着我们看到了同样的黑色长方形。我们的浏览器终于开始做点儿什么了！

我们开始疯狂地叫喊，互拍后背，表现得好像电影《2001：太空漫游》里面的场景：我们灵长目动物的祖先被来自天外的黑条外星人造访，我们模仿了我们的祖先的样子，指指点点，大喊大叫。我再次尝试加载页面，又一次出现了黑色的石碑！这是真的！

这个成就可能看似平凡，但我们非常激动。在理查德展示示例程序后的三个月里，尽管我们仅能通过数字间接记录我们取得的成绩——我们构建了多少源代码文件，修复了多少交叉引用，消除了多少个 FIXME，但我们一直对移植策略抱有信心。而今天我们终于在浏览器窗口里真正看见了网页。

唐和我一直在我们自己的黑色石碑中挣扎，艰难地穿越了长时间的黑暗，消除了对浏览器项目的怀疑，终于迎来了黎明的曙光。

我在苹果工作期间只经历过两次“尤里卡时刻”，而这是其中之一。我为理查德没能与我们一起迎接这一时刻的到来而感到遗憾。他的示例程序向我们首次证明了 Konqueror 的潜力。遇见黑色石碑是第二次重大的飞跃，它证明了我们的移植策略是行之有效的，它是我们从示例程序向产品努力的过程中的里程碑。

我们自此再也没有经历连续数星期毫无明确进展的日子。从能够看见网页加载开始，我们基本上每天都可以看到自己的浏览器变得越来越好。在那一星期结束以前，我们已经将黑色长方形变成了可以显示雅虎主页全部信息的页面。几天后，网页链接也被渲染成当时流行的蓝色加下划线的样式。接下来的那一星期，第一批图片被显示出来了。当加载出第一个网页时，我感觉自己好像按下了一个开关，灯终于亮了。

灵感1%+汗水99%=发明创造

如今，大多数人都将网络浏览器视为一种理所当然的存在，所以我把它比喻为电灯恰如其分。我们如今随时随地都在上网，根本不会去思考浏览器是一种需要被创造的技术。就如同当年的电灯一样，我想我们可以通过更详细地了解爱迪生于19世纪发明电灯泡的过程，来使读者了解我们在21世纪为浏览器开发所付出的努力。

爱迪生一直在为解决技术上的难题而挣扎，包括他为了寻找能够发出明亮而持久的光的电灯泡灯丝而做出的种种努力。我喜欢这段来自一部于1910年出版的《伟大发明的故事》一书中的叙述：

> （爱迪生）坐在那里思考了整整一夜，他下意识地用手指拨弄混合了他用在电话上的焦油的灯黑（一种用煤烟制成的颜料）。他似乎没有多想，将灯黑和焦油的混合物揉成了一根线。当他意识到自己做了什么之后，灵感突然迸发："为什么不试着让电流穿过这根线呢？"他立刻动手，结果只得到了一丝微弱的光芒。

接下来，他决定寻找最合适的碳。他把各种纸张和木头进行碳化，但事实上，他能找到的所有东西都能够做成碳灯丝。他试了试日本竹扇的纤维，发现电流经过这种竹纤维时产生的光比之前经过所有材料时产生的光都要明亮。于是，他开始寻找最好的竹子。他了解到竹子的种类共有 1 200 多种，所以他必须逐一尝试。他派人前往位于世界各地的竹子产区，其中有一个人，其行程超过 3 万英里，在寻找竹子的过程中在野外多次遭遇野兽。最终，一种产于日本的竹子在所有实验对象中脱颖而出。寻找碳纤维的整个过程大概花费了 10 万美元。

这个小故事里面包含了所有元素：突然出现的灵感、勇敢无畏的人、遥远的征途、野兽、巨额资金。就连《伟大发明的故事》的作者都有一个听起来充满故事色彩的名字——埃尔默·埃尔斯沃思·伯恩斯。

当然，灯泡发明的真实情况远比故事复杂，我想我们完全可以合理怀疑爱迪生到底是不是真的在无意间把手指放在焦油和灯黑里，然后萌生了将电流穿过其中的想法。正如史蒂芬·约翰逊在《伟大创意的诞生》一书中写的那样：

坊间盛传爱迪生是灯泡的发明者，但事实上，灯泡的诞生来源于爱迪生与其竞争对手你追我赶的过程……爱迪生站在了至少 6 个前人（包括约瑟夫·斯旺以及威廉·索耶）的成果的基础上。

爱迪生并不是完全依靠自己的力量想出这个主意的，早在爱迪生开始研究碳纤维的适用性以前，碳就已经被用于灯泡灯丝的研究，约瑟夫·斯旺在碳身上做了大范围的实验。但这些先行者

> 未能发明出实用的灯泡，而爱迪生做到了。其中的原因究竟是什么？我想，一个合理的解释必须包含以下因素：爱迪生将电灯照明视为复杂的发电与配电系统的设想，他作为发明家业已存在的历史业绩，他充分利用自己的声誉为研究工作融资的能力；而且，他富有远见地成立和领导了第一个以产品为导向的研发实验室，这个组织可以将很多人的努力有效地整合起来。
>
> 所有因素都很重要，不过我认为爱迪生如此巨大的成功要归于他对细节的观察。我还是想把这个话题拉回爱迪生自己是如何描述建立创新工作基础路径的，尤其他是如何解决类似于为灯泡找到最优灯丝材料等问题的。我的任何一项发明都不是偶然产生的，我发现有需求需要被满足，于是我一次又一次地尝试，直到成功解决问题。这一切都可以归结为 1% 的灵感加上 99% 的汗水。

按照这个说法，爱迪生本人是不是如同伯恩斯一样把事情过度简化了呢？如果爱迪生真的想编造一个令人信服的将自己的能力神化的故事，那么也许他应该编造出比“我非常努力”更生动的解释。作为传奇故事，这个解释太苍白了，毫无神秘色彩，就好像爱迪生在告诉我们：“就算我真的像伯恩斯所说的那样混合了焦油和灯黑，这种偶然出现的灵感在大局中也没有太大价值。”对于爱迪生来说，更重要的事情是构建有远见的设想，然后持续不断地努力，直到一个真正的产品被发明出来。

作为一名工程师，我对爱迪生提出的数字很感兴趣。灵感与汗水的 1∶99 的比例关系听起来很夸张，是吧？但是我们为苹果网络浏览器的开发过程提供了可供验证的数据。理查德的示例程序就是我们的灵感。唐、理查德和我从这里出发，不断地努力，直到黑色石碑出现。我们把工作时间进行分解，如图 3-2 所示：

灵感

理查德从零到示例程序出现的工作时间

1	×	8	×	2	×	1	=	16
人		小时/天		天		周		小时

汗水

从理查德的示例程序到黑色石碑出现的工作时间

3	×	8	×	5	×	10	=	1 200
人		小时/天		天		周		小时

灵感：汗水=1：75

图3-2　浏览器项目的爱迪生比例

乍一看，这个 1∶75 的比例好像在说，爱迪生对所需努力的程度高估了 25%，但这是一个重大错误。然而，在做这个表述时，爱迪生指的是一个已经完成的发明。正如我所说的，黑色石碑的出现是我们浏览器项目的重要里程碑，但距离最终完成还需要一年的时间。你还记得黑色石碑意味着什么吗？它意味着我们全新的浏览器代码第一次执行操作，而不是不回应、崩溃或者在 FIXME 报告上汇报错误。尽管我们仍处在项目开发阶段的早期，我们预计在推出最终产品之前仍需要很久的工作，但此时，灵感与汗水的比例已经是 1∶75 了。从这个角度来看，爱迪生严重低估了汗水的权重。

我怀疑爱迪生认为他提出了一个物理定律或者期望 1∶99 的比例是一个通用常数。即便如此，他的经验也让他在发明创造的过程中体会到了一件事：努力是至关重要的。

我们总希望相信像爱迪生这样的天才可凭空变出改变世界的发明。简单的解释是很诱人的，爱迪生产生的这种灵感看起来富有魔幻色彩；而我们都知道，为之付出汗水是一件苦差事。当伯恩斯写下这些关于白炽灯等著名发明的故事时，他更加突出一个存在于想象中的魔法时刻。爱迪生则很清楚，真实的故事其实是痛苦和枯燥的。

我同意爱迪生的说法。如果不付出努力，想法再好也无法成为现实。尽管我们开发的网络浏览器对整个人类社会没有那么深远的意义，但我相信，这一点适用于爱迪生寻找灯丝材料的过程，也同样适用于我们开发浏览器的过程。

想象一下，如果我们没有在理查德做出示例程序后立刻着手开发并实施我们的移植策略，那么现在的情况并不会比当初苦熬 6 个星期毫无成果更好，我们可能依然没有可以向上级汇报的成果。如果我们三个没有咬紧牙关、埋头苦干、拼尽全力、逐步构建代码、修正交叉引用、研究 FIXME，并最终等到黑色石碑出现，那么理查德的示例程序依旧不过是一个程序玩具。

但是真的是这样吗？开发一个网络浏览器，仅仅有一个好的示例程序和一些耗费体力的编程工作就可以了吗？既然爱迪生认为天马行空的想象和头脑风暴只需要很少的时间，那么占据其他时间的 99% 的努力到底是什么？

爱迪生用非常简短的一句话告诉我们："我一次又一次地尝试，直到成功那一刻的到来。"他和他的团队愿意挥洒汗水，但他很清楚在所有的这些时间里面他们需要经历什么：反复试验。对于灯泡这个产品来说，灯丝是其中的关键，而竹子是最有潜力的灯丝材料，所以爱迪生对所有品种的竹子进行测试，以找到最适合的那一种。如果伯恩斯的话可信，那么这意味着爱迪生试验了世界上的全部 1 200 种竹子。这个工作听起来很简单，事实也确实如此，但是爱迪生将有价值的工作从任务清单中标记了出来。

当我们为网络浏览器项目确定移植策略时，我们采用了爱迪生的行为模式。我们知道编译器会告诉我们被破坏的交叉引用，然后我们逐一检查并修改。我们知道 FIXME 会告诉我们哪里的代码存在问题，于是我们认真研究这个报告。向黑色石碑出现的那一刻努力是一个循序渐进的过程，就像爱迪生寻找最合适的竹子一样。爱迪生为了寻找灯丝反复尝试；而我们在构建软件的过程中一个文件一个文件地编译，为了加载网页我们排查每一个 FIXME。这两个项目都建立在大量重复枯燥的劳动之上，但是细节至关重要。爱迪生并不是在沙漠里漫无目的地跋涉，希望翻过下一个沙丘就能找到一片绿洲——这听起来好像是唐和我在最初的 6 个星期做的事情。相反，爱迪生是在确定了以竹子为材料后，为了找到最适合的竹子而百折不挠，试验了所有种类的竹子。每一个被划掉的名字都使他与最终结果的距离更近。在为黑色石碑的出现而努力的过程中，我们也经历了同样的事情。尽管唐、理查德和我都在枯燥乏味的工作中苦苦挣扎，但我们仍然坚持不放过每一个文件、每一个 FIXME。

坚持努力是一件很困难的事情。没有勤奋，灵感也无法结出硕果。我们分工合作，共同完成了浩如烟海的案头工作。我们对技术（代码、编译器、软件许可以及调试）的理解和掌握使我们有信心向前迈进，并投入了大量的时间和精力，最终使理查德的示例程序成为真正的产品。

当然，一个仅能显示黑色石碑的程序还远不是一个功能完整的网络浏览器。在开发出最终的应用程序前，我们还有很长的路要走，但在技术层面，黎明已至，曙光初现，至少我们能够看清未来的路在何方。

第 4 章
乔布斯要的是速度更快

直至今日，我仍清晰地记得那一刻我手中湿冷的感觉，史蒂夫向大家郑重宣布：苹果已经开发了自己的网络浏览器。一瞬间，我们的超级秘密——这个开发周期长达 18 个月的项目——成了众所周知的事情。史蒂夫向大家宣布，Safari 加载网页的速度比 IE 浏览器快了不只一点儿，而是整整三倍。

这个项目起步时，我们的团队只有三个程序员。我们在几个月之内又找到了几个人，组成了一个 9 人的小型团队，现在正准备在网络浏览器项目上放手一搏。

替代IE浏览器

当时，有消息从管理层传出来，史蒂夫·乔布斯已经决定了他评判我们浏览器项目的标准，其关键点只有一个：速度。史蒂夫希望我们的浏览器速度快，从互联网上加载网页的速度要足够快，必须远远超过 Mac 计算机上默认使用的微软 IE 浏览器才可以，因为我们的浏览器存在的目的就是完全替换 IE 浏览器。

在苹果，我们总是试着提供开箱即用的最好的产品，除了速度这个方面，我们还需要为浏览器提供一整套功能，其中，出色的书签管理、精简的用户界面这两项在开发清单上占据了最重要的位置。不过我们的团队在当下还是把重心放在提高速度这一目标上。上述挑战给了我们明确的目标。在我们多人在线聊天频道的记录里，充斥着各种各样的技术问题、对最新难题的陈述及解决问题的思路、修改代码的请求等等。在我们的团队中，差不多有四五个人每天都在一起吃午餐，我们一小群人步行至位于库比蒂诺总部无限循环 2 号楼和 4 号楼之间的员工自助餐厅，我们彼此之间距离很近，所有人都可以同时参与任何关于技术的讨论。我习惯于等所有人都点好餐回到餐桌上之后再开始用餐，我会调侃他们，让他们羞愧到一言不发、眼神游离、低头扬眉。等所有人都到齐后，我们一起开始用餐，我们不是一家人，但我们是携手并肩的团队。我们是苹果式合作的一个典型，一个小团队为共同的目标齐心协力，而我们的目标就是开发一个速度足够快的网络浏览器。

此外，我们很清楚自己正在试图去做的产品替代是一件很棘手的事情。一旦苹果将新浏览器作为 Mac 计算机的默认浏览器，我们绝不希望用户来质疑公司的决定。史蒂夫认为，一个能提供高速上网功能的苹果浏览器，是让用户忘记 IE 浏览器并立刻喜欢上我们这个替代品的最佳方式。

速度也是史蒂夫对未来互联网发展趋势的洞察的一部分。如果你曾经历过那个时期——21 世纪初期，那么你一定记得当时让人痛苦的网速，当时几乎没有人能够享受到如今我们所说的宽带。网页在加载时会不停地闪动，图片会在经历几个模糊不清的阶段后才逐渐变得清晰。每个人都清楚高速上网的时代即将来临，随着网络速度的提升，数据量也将日益增长，史蒂夫希望我们的浏览器能够做好准备迎接即将到来的浪潮。我们的代码编写工作需要继续深入。史蒂夫认为加载速度对浏览器体验有长期的影响，所以开发一个高性能的浏览器成为我们的首要目标，我们要定义卓越。

我们还有很长的路要走。2002 年春末，我们的浏览器只能缓慢地加载页面，我们无法进行日常浏览或做其他类似的事情。有时，新闻网站上的字体会模糊不清，难以辨识；电子商务网站上的购物车会丢失东西；银行网站的登录栏会因无法使用而导致我们不能查询账户信息。浏览器的速度非常慢：从互联网上加载数据很慢，显示图像很慢，返回上一页也很慢。

修正无法正确显示网址的错误已经占据了我们大量的时间，但由于史蒂夫对浏览器响应速度的要求，我们不得不同时研究如何使浏览器更快速地工作。

PLT——软件调试官

唐是那个想出解决办法的人。大约在黑色石碑出现后的一两个月中的一天，唐把我叫进了他的办公室，让我制作一个可以测定浏览器速度的测试程序。在他的构想里，这个程序应该可以自动开启浏览器，让它以极快的速度一个接一个地加载一系列网页。接下来几天，我按照他的设想完成了这个程序。我把它命名为网页加载测试（Page Load Test），不久后，我们就把它简称为 PLT。

PLT 成了我们的软件调试教练，它像一个手握虚拟秒表、训练有素的教官。当我们在 PLT 的界面上按下“开始”键时，测试程序从列表中的第一个 URL 链接开始查看，仿佛在浏览器中大声呼叫这个网址的名字，按下秒表，然后等待浏览器加载页面。当页面完全加载并渲染好之后，PLT 再次按下秒表，记录时间，然后呼叫列表上的下一个名字。

唐为 PLT 的测试列表筛选了 40 个尽可能复杂的网页。他挑选了文字很多的网页，比如雅虎（Yahoo !），以及图片很多的网页，比如迪士尼（Disney）。他给出的列表涵盖了用户最常访问的网址，比如你熟知的亚马逊（Amazon）、谷歌（Google）和易贝网（eBay）等，还有一些如今已被遗忘的网址，比如 Real Networks、Webcrawler 以及 iVillage 等。汇集在一起的网址涵盖了影响网页加载和渲染速度的所有因素，以确保尽可能多地暴露浏览器的弱点。

PLT 在自动加载了列表上的全部 URL 链接后，会自动计算加载一个网页的平均时间。当时，这是检测浏览器速度的细分测量方法，这个数字成为唐整个计划的关键点。他发布了一份管理公告：在 PLT 没有运行期间，不允许更改任何代码。

这个关于 PLT 的公告是什么意思？为什么如此重要？在我们的浏览器项目团队中，与其他任何重要的软件开发工作一样，我们在做源代码更改的时候要遵循一套编辑流程。在编辑完一段代码后，我必须写下详细的概要，解释清楚本次编辑做了哪些修改，实现了什么功能，修正了什么错误，以及我认为这次代码更改在多大程度上实现了这些目标。接着，我会让另一位团队成员与我一起评审这项工作。代码评审的过程通常是一轮接一轮的反馈、改进、再次评审。只有某项工作通过了同级评审，我才被允许将所做的修改上传至存储所有源代码修改信息的中央处理器——版本库。

在 PLT 投入使用以前，我们的编辑流程主要考虑功能实现、故障修复以及网络标准协同等因素，这些因素与浏览器能否更好地实现其预设功能，是定性的方法。PLT 检测响应速度，是一种定量测试，为我们每一次代码的更改都提供了独立的评价手段。现在，正确性和速度并驾齐驱。唐认为，如果我们关注 PLT 给出的结果，不接受使浏览器运行速度变慢的代码修改，那么只会出现两种结果。浏览器要么保持原来的速度，要么变得更快。他一边用食指敲打太阳穴，一边强调这套取巧的逻辑。在 PLT 被开发出来的那一天，唐就向大家宣布，我们的浏览器速度不会变得更慢，只会变得越来越快，这就是他的禅心印。

用 PLT 运行新代码成了我们每日的例行工作，有时甚至是每小时的例行工作。我经常使用它来测试，两组功能相近但略有区别的代码中哪一组更快。当需要对代码做出更改时，如果新代码让浏览器运行得更快，那么它可以被通过，否则就会被放弃。大多数对代码的编辑对浏览器的表现没有影响，有一些却产生了很大的影响，只要这种改变能够使速度变快，代码更改就可以被接受。我们也会遇到幸运的意外——移除冗余的 FIXME 有时会带来意料之外的提速。高质量的代码通常会带来更快的响应速度。

当我们使新闻网站上的文字变得清晰，使电子商务网站上的购物车不再丢失物品，使浏览器具有兼容性并且能让用户登录银行网站管理个人账户时，我们都必须在保证速度的前提下改进浏览器的各项功能。

没有任何事情可以打破“速度底线”这个规则——唐绝不会让步（见图 4-1）。当一个重要功能的新代码导致速度降低时，事情变得棘手起来。要保证速度必须放弃软件的部分优化，“优化”这个术语值得我解释一番。

图4-1　唐·梅尔顿与我们的团队

优化与速度底线

即便在程序员群体里，能称得上著名计算机科学家的人也很少，不过高德纳绝对担得起这个头衔。他是计算机科学领域奠基教材之一《计算机程序设计艺术》的作者，这是一套多卷的学术论文，他从1962年开始，像僧侣一样怀着苦行主义精神和虔诚的心态从事创作。高德纳进行了一丝不苟的研究，认真地撰写论文，并发表《组合算法与布尔函数概论》《位技巧和技术；二元决策图》《生成所有树——组合生成的历史》等专著。对于重视自己工作的软件开发者来说，高德纳就是一位技艺精湛的工匠。下面是他关于优化的言论：

> 程序员在思考或担忧程序里非关键部分的速度上浪费了大量时间，实际上如果把调试和维护考虑进来，这些提升效率的努力实际上有非常强的负面作用。我们应该放弃微不足道的效率提升，在97%的情况下，过早的优化往往是错误的根源。

优化是程序员为提高代码执行速度所进行的流程。这不就是PLT所做的事情吗？那么，优化不是一件好事吗？并不总是如此，如果高德纳——一个非常谨慎的人——估计的数字是可信的，那么在97%的情况下，优化是无益的。为什么？

对于计算机来说，程序说到底就是一长串指令，尽管计算机的运算速度非常快，它也是有极限的。要想提高软件运行速度，程序指令必须尽可能地高效，但程序员也不能轻易地得知到底哪些指令可以被更快地执行。

我们来看一下这个例子。假设我邀请你到我家的厨房做示范，我让你：

- 从冰箱里拿一罐芥末。

你会很容易地完成这项任务，因为我的厨房储备了这种调味品。很显然，执行这句指令会比执行下面这句长度相当的指令更省时：

- 去超市买一罐芥末。

由于一些指令中包含了更复杂的命令，这些指令的执行时间比其他指令的执行时间更长。如果我留在厨房执行第一条指令，那么可能在你从超市带回芥末以前，我已经反复取出并放回这罐芥末很多次了。不过，话说回来，执行时间也取决于我们与超市的距离。为了更好地理解优化这件事情，我们应该注意到上一句话的关键词是“取决于”。复杂软件是建立在各独立组成部分之间相互依赖的复杂关系之上的，处理各类关系是在写类似于网络浏览器这种复杂软件的代码时必须考虑的问题。芥末罐的案例解释了这个问题的基本逻辑，也暗示了它有多么复杂。它让我们知道，即便指令的内容非常简单易懂，但仅仅粗略地看一眼问题就判断出代码的执行速度，对于程序员来说也十分困难。

这与优化有什么关系？下面这些是完成其他厨房任务所需要的指令：

- 把冰箱里的所有东西都取出来。
- 把所有物品都放在柜台上。

通过增加一个指令来对其进行优化：

- 把冰箱里的所有东西都取出来。
- 把所有物品都放在柜台上。
- 用最少的往返次数完成任务。

第三个指令提出了执行该项任务关于速度的建议。将冰箱和柜台之间的往返次数视为约束条件，我们可以合理地认为，如果往返次数减少，那么整个操作流程可以更快地完成。

这种方式正确吗？上述优化路径会引起以下问题。如果一次性拿取和卸载大量物品，这种方式可能有效，但事实真是这样的吗？如果我尝试把装芥末和蛋黄酱的罐子、装牛奶的纸箱、黄油棒以及盛有昨晚剩菜的盘子放在一起一次性搬运，一旦有东西掉了怎么办？这就造成了故障，不是吗？如果我洒了或者打碎了什么东西，我是不是要花时间打扫干净，才能保证任务“完成”？如果我回头仔细思考“用最少的往返次数完成任务”这句指令到底指的是什么，我可能还会认为任务的目标就是使冰箱到柜台之间的往返次数最少——但是这是真实的意图吗？我不知道，这只是我最好的猜测。实际上我并没有足够的信息来确认这项任务的目的。

这个情景告诉我们为什么像高德纳这样经验丰富的程序员会发出对优化的警告。额外的“用最少的往返次数完成任务”指令增加了出现故障的概率，增加了减少代码量的难度，而由于我们并没有搞清楚这个步骤背后的核心原理，最终的结果很可能并不是使整个流程变得更快。这个附加的“优化”指令可能会引起远超其价值的麻烦。高德纳所说的 97% 的情况就包含这种情况。

这个问题直指 PLT 重要性的核心。PLT 协助我们弄清我们给出的程序指令在速度这方面的表现，并且准确地告诉我们具体哪一部分指令使得源代码的运行速度降低。PLT 告诉我们需要在什么时候注意高德纳所说的“微不足道的效率提升”。这是属于我们的 3% 的逃生舱，是我们确定优化并没有“过早”进行的方法。我们很确定自己做的每一次优化都让我们往正确的方向发展。

在软件工程领域，有一种传统观念认为，高德纳提到的“过早”与一个项目的计划有关。编程团队在完成代码编写工作并排除大部分故障后，再提升程序响应速度的工作方式很常见。在保证前端功能的有效性的基础上进行后端优化是典型的方式。但是，当前端功能的实现要耗费比预期更久的时间，而时间表不可能因此更改时，项目管理层可能不得不将优化工作全部省略。

由于史蒂夫对浏览器的最终表现提出了明确要求，我们绝不能让这种情况发生，而唐找到了避免这种情况发生的方法。我们可以在发现速度降低的第一时间找到原因，基于这一清晰可靠的判断，我们可以仔细地选择优化方案。PLT 帮助我们在整个项目进度中合理安排优化工作。我们在知道自己做什么的时候进行优化，直接回应 PLT。

但是，即使有了 PLT 的帮助，优化工作仍然很棘手，有时寻求改进的过程会变成一次对工作原理和工作方式的探究。比如，在厨房案例中，对清空冰箱这一任务的优化，我们需要做一次综合调查，找出一次性拿走最多数量的物品且保证物品不会在中途掉落的方法。这个思考过程可能包括找到最佳的卸载方法。找到最佳的方法可能需要换一个角度思考——如果搬运次数越少越好，那么最好的办法可能就是花时间在储藏间或车库里面找到一个大箱子，这样一来，冰箱里的所有物品就可以一次性地被搬到柜台上，而无须用手臂反复搬运。

有时，在浏览器开发过程中，即使我们拥有最好的调查结果和“创新性思维”也是不够的。很多时候我们会发现，在不影响速度的前提下，我们根本找不到增加功能的方法。在我们加入“返回上一页”功能时，我们发现，如果不禁止所有页面加载，我们就无法实现快速“返回上一页”。否则，PLT 就会很清晰地显示速度的降低。当我们确认这项功能足够重要，却始终找不到不影响速度的方案时，我们会制订一个交易方案，即在现有源代码的无关部分找到可以优化的空间，为新功能“买单”。当我们四处寻找执行这种优化项目的代码时，我们通常会寻找我们熟悉的、稳定的代码，一旦找到，我们就将这部分代码改写，使其实现同样的功能，但速度更快，节省的时间刚好可以弥补增加新功能所导致的速度降低的影响，甚至产生正面的影响。

没有哪种优化是简单的，也并非总是充满乐趣的，但唐总能坚持下去。在黑色石碑出现后的漫长岁月里，我们成功地让代码运行得越来越快。

Safari：大家都喜欢的名字

随着项目发布日的临近，苹果的市场部开始着手为我们的浏览器取名字。2003 年年初，我们计划在 Macworld 上正式向全球宣告浏览器的问世，在此之前的一个月，我们一直将其称为“网络浏览器”或“亚历山大”（Alexander），亚历山大会让人们联想到马其顿国王——一位著名的“征服者”（Konqueror）。我们认为Konqueror这个名字很讨巧，但是它不能作为面向消费者的名字出现在苹果产品的身上。斯科特·福斯特尔和市场部开始收集浏览器开发团队关于产品命名的想法，由于我把精力一直集中在如何完成浏览器代码上，所以只是漫不经心地将这个问题搪塞过去，现在我已经想不起来自己是如何应付的了。

史蒂夫·乔布斯想到了一些名字，当第一次听到它们时，我哭了。最开始，史蒂夫喜欢“闪电”（Thunder），但很快他喜欢上了“自由”（Freedom）。我觉得两个名字都很糟糕，我无法想象我告诉人们“我在为自由工作”这一场景，这听起来好像我是那种漫画书里面想成为超级英雄的人。

最终，斯科特提出了一个可行的名字：Safari。这个单词传达了一种“环游世界”的感觉，就如同其他知名浏览器——Navigator（航海家）、Explorer（探险家）、Konqueror（征服者）——带给人们的感觉一样，但Safari又绝不是它们的盲从者，是令人耳目一新的。唐也很喜欢这个名字，当然最重要的是，史蒂夫也很喜欢。

几乎在同一时间，我得知我们的开发者工具包被命名为WebKit，这是在数月以前我、唐和理查德的第一次移植策略会议中，我随手写在白板上的名字。

Safari是我发布的第一个苹果产品，这本身就令我很激动了，接着，唐告诉我一件令我更加激动的事情。他要去旧金山莫斯康展览中心参加史蒂夫·乔布斯的演讲的最终彩排，并邀请我一起去。这不是一场旅行，我们要在现场随时准备处理故障。

唐想象中的计划是，一旦史蒂夫在展示Safari的演讲彩排中遇到故障，他会说："史蒂夫，我们会立刻修好。"接着我们俩会找到出错的原因，而焦躁不安的"那个人"，将在旁边一直盯着我们，等待结果。

乔布斯的演讲

在后来的日子里，我对史蒂夫如何准备这种重磅产品的发布会有了更多了解。在演讲开始前的三周或一个月，史蒂夫就开始在苹果公司的场地里结合幻灯片进行练习，地点通常是无限循环总部的礼堂。随着日复一日的练习，他按照他想在主题演讲中展示的方式逐步完善这个演讲。这是史蒂夫成为成功演讲者的重要秘诀之一。他反复练习，一遍又一遍地打磨，直到他觉得自己的演讲足够精彩。

在莫斯康展览中心的舞台上，史蒂夫用一种我从未见过的方式进行彩排，而在看到他的演讲技巧以后，我受到了启发，从此在我自己的演讲中反复使用这些技巧。当史蒂夫开始讲述幻灯片时，他完全沉浸在演讲者的角色里。他的语调、站姿、手势，一切都表现得好像在面对挤满全场的观众。只要感觉事情都在按照自己满意的方式进行，他就不会停下来。在需要的时候，他会停下来，脱离刚才的角色状态，降低声音，询问坐在前排的管理层，比如公司全球市场副总裁菲尔·席勒，他刚才的措辞是否得当或者他们认为观点表达得是否顺畅。得到反馈后，史蒂夫会特意停顿一两秒，再次进入角色，继续演讲。如果某句话仍然没有表达好，那么他会暂停、倒退，然后重试。有时他会这样反复三四次，在每两次尝试之间，他都会特意停顿一下，就像在拍摄电影一样。其实他从没有搞砸任何一句话，经过反复练习，他已将整个演讲过程打磨得很好，但只要时间允许，他就会尽全力将每一张幻灯片、每一句台词都展示得更完美。

史蒂夫会在每个星期六和星期日分别进行两次完整的练习，每次都将整个演讲内容从头到尾讲一遍。发布会在 2003 年 1 月 7 日举行。这是正式的带妆彩排，我看得出来，因为史蒂夫穿着标志性的黑色高领毛衣和牛仔裤。

史蒂夫以一张强调“切换”的幻灯片开始了他的演讲，苹果当时致力于让消费者购买苹果计算机，替代内置了 Windows 操作系统的计算机。在前 iPod/iPhone/iPad 时代，苹果仍然只是一个大声招揽客户以增加其个位数市场占有率的个人计算机公司。两年前开张的第一个旨在为客户提供更优质服务和购物体验的苹果商店，就是这个旨在提升销售量的市场战略的一部分。2001 年苹果商店刚起步时，行业里的预言家曾嘲笑苹果在零售上的努力，即使是苹果曾经的高管，比如前首席财务官约瑟夫·格拉齐亚诺也曾指出:“苹果的问题是，它仍旧相信成长的方式是给喜欢奶酪和饼干的消费者提供鱼子酱。”如今，在第一家商店开张的两年后，史蒂夫准备向大家宣布，“鱼子酱”仍然有很大的市场空间。为了让零售成功的故事更有说服力，他与大家分享了一份报告，报告显示，在上一个假日购物季，苹果商店的收入总额为

14.8 亿美元。

分享完这份报告，史蒂夫已经完成了演讲的第一部分。他接着说："这就是关于苹果零售店的最新消息。我们的喜悦无以言表，我们希望自己已经说服了那些在零售店刚开店时完全不看好它们的评论者。"

星期日上午的一场彩排中，在这个节点，礼堂里的所有人都等着史蒂夫按计划停顿一下，营造喜剧效果，深吸一口气，然后进入下一个部分——计算机教育计划，正如他此前两次所做过的那样。

但这次有所不同，史蒂夫接着说："实际上，这是我必须要对那些认为苹果零售店必将失败的人说的话。"他边说边点击遥控器，大屏幕切换至一张新插入的幻灯片（见图 4-2）。

他的话语如此直接，一语中的。一阵短暂的沉默后，房间里爆发出一阵哄堂大笑。人们笑得前仰后合，史蒂夫不得不稍做停顿。史蒂夫易怒的一面人尽皆知，但不为人知的是，他也可以出人意料地幽默。

当然，在两天后的正式演讲中，他并没有展示这张幽默而暴躁的幻灯片。不管怎么说，我们真正关心的都是 Safari 浏览器部分。直至今日，我仍清晰地记得那一刻我手中湿冷的感觉，史蒂夫向大家郑重宣布：苹果已经开发了自己的网络浏览器。一瞬间，我们的超级秘密——这个开发周期长达 18 个月的项目——成了众所周知的事情。史蒂夫向大家宣布，Safari 加载网页的速度比 IE 浏览器快了不只一点儿，而是整整三倍。

图4-2　演讲中的史蒂夫

史蒂夫展示完Safari图标后，点击了下一张幻灯片，上面只有一个单词：Why（为什么）？史蒂夫认为十分有必要向大家解释，苹果为什么要推出自己的浏览器，他把“速度”作为解释的重中之重。有些人可能认为推出Safari浏览器的举动仅仅是一种营销手段，是把产品里恰好表现出众的功能当作卖点。

我很清楚事情绝非仅仅如此。数月前，我所在的团队接受了关于

“速度优先”的指令并采取了行动，这个行动就是史蒂夫向公众详细介绍的内容，而我参与了整个行动。

Safari的成功，侥幸吗?

口头指令和行动之间的联系可能很重要，在我们这个项目中，这种联系的确意义重大，史蒂夫的口头指令引领了我们行动的方向。在产品开发过程中，这种语言和行动之间的清晰联系对我来说是闻所未闻的。我们在以前的公司 Eazel 从未有过类似的经历，有时我甚至怀疑 Safari 的成功只是一次侥幸。

当我跳出软件世界去寻找证明“侥幸与否”假说的例子时，我发现体育运动是一个典型的研究对象。由于主流运动赛事比苹果发布新产品的频率高得多，因此有足够多的机会来验证语言和行动之间的联系。教练和运动员在面对媒体时的表现是更加坦率的，因为球队几乎不会像苹果那样保守商业秘密。考虑到体育赛事的性质归根到底就是赢和输，我们希望可以寻找到信息质量和胜利概率之间的联系。

结果通常令人失望。如果一个棒球记者在赛后的更衣室采访一位投手，邀请他评论刚刚在比赛中取得的胜利，记者通常不会得到有意义的内容:“嗯，鲍勃，今晚我的曲线球打得很好，现在，我准备在接下来的每一场比赛中都高水平发挥。”

这样的评论基本解释不了什么，也预测不了未来。

但语言和行动的确可以在体育运动中被联系起来，当有人这样做时，比如在文森特·隆巴迪的橄榄球教练生涯中，这种联系变得显而易见，就像苹果所做的那样。

1959 年，隆巴迪加盟绿湾包装工队，这个队伍已经连续 11 个赛季没有获得一场胜利了，在前一年仅赢得 12 场比赛中的一场后，球队解雇了隆巴迪的前任。

作为新任教练，隆巴迪一到训练场就给巴特·斯塔尔留下了不可磨灭的印象，当时，斯塔尔是一位正在努力奋斗的替补四分卫。

把所有球员领到一间会议室后，隆巴迪在一个可移动的黑板前等待球员们就座。他拿起一支粉笔开始讲话。

> “先生们，”他说，“我们尚有广阔天地待征服。在这里，我们将要一起去做很多之前没有做过的事情……（我们）将无情地追逐完美，尽管我们很清楚无法做到完美，因为完美是不可能实现的。但是我们将不懈地追逐它，因为在这个过程中，我们将变得更加卓越。”

他停顿下来，目光扫过每一位队员。屋子里安静得出奇。“我绝不满足于仅仅是做得好。”他语气郑重，震惊了所有人。

在会议休息间隙，斯塔尔拨通了他生活在亚拉巴马州的妻子的电话。他说：“亲爱的，我们要开始赢了，这个男人谈到了完美！”

当然，每位教练都会召开小型赛前动员会，但是隆巴迪很快上手，将每个特定动作的完美标准清晰地解释清楚，并伴着加油声要求每一位队员做到完美。关于战术，隆巴迪告诉他的队员们：“先生们，这是我们最重要的战术，这是我们必须完成的战术，这是我们将要完成的战术，这是一个我们一再反复实施的战术。”

隆巴迪将这些细节写进了一部名为《橄榄球的科学与艺术》的电影剧本中。这部魅力独特的、具有20世纪60年代风格的低成本教学电影，以配有军乐背景音的比赛片段开始，接着，镜头转向隆巴迪，他牙齿缝隙很大，戴着眼镜，穿着白色衬衫，系着深色领带，短发，身前捧着一个橄榄球，这样他就不会被错认为保险销售员了。他用自己独特的布鲁克林口音紧张地介绍了他对完美的要求的要点：强力横扫。

在电影中，隆巴迪讲解了一场比赛中最精彩的半个小时。他手持一把教鞭，指着写满×和○的黑板，详细地介绍各种概念、任务、选择以及赤手空拳战术的指导要点：四分卫将球传给正在奔跑的后卫，接着后卫迈出几大步来到进攻线，带领队伍逼近对方的球门线（见图4-3）。在介绍他最喜欢的进攻战术几分钟后，隆巴迪被强力横扫的热情感染。他摆脱了自己在摄像机镜头前的尴尬，开始假设自己站在进攻线卫的立场，强调如何利用全身姿势来演示正确的拦网技术。

你可能想不到，仅仅一个进攻战术就有如此多的内容需要讲解，《橄榄球的科学与艺术》这部电影本身可能也经过了长时间的剪辑。知名教练和播音员约翰·麦登描述了他参加教练讲座的经历：隆巴迪为大家讲解了8个小时的强力横扫，而且只讲解了强力横扫。

经过一次又一次的实践、操练，一场又一场比赛、一个又一个赛季，绿湾包装工队将隆巴迪的强力横扫战术练习得炉火纯青。对手即便知道他们要使用这个战术，也无法阻挡他们的进攻。隆巴迪将胜利建立在公开的战术之上，似乎违背了《孙子兵法》中的名言——“兵者，诡道也。”要想击败绿湾包装工队，你必须破解强力横扫战术。

图4-3 隆巴迪在讲解比赛

隆巴迪执教的第一年，在球队队员几乎与前一年完全相同的情况下，绿湾包装工队取得了 7 胜 5 负的战绩。第二年，他们参加了橄榄球冠军赛，但不幸落败。在接下来的 7 年中，绿湾包装工队获得了 5

次冠军，包括前两届“超级碗”（美国职业橄榄球大联盟年度冠军赛）。通过年复一年的努力，绿湾包装工队由成绩垫底的队伍一步一步地变成优秀队伍，最终成为传奇。这一切都建立在一个个最初被写在黑板上，然后在球场上被反复练习的进攻战术上。

对于任何一种复杂工作，确定清晰的愿景和自己要做的事都是解决问题的开始。尽管确定这样的愿景是很困难的，但毫无疑问，完成整个工作更加困难。你需要想出解决问题的办法，提出实现构想的计划，然后高标准地完成计划，不陷入困境，也不改变努力方向或彻底失败。最令人紧张和不安的可能是你的办法、语言以及愿景没有一个好的开始，即便你全力以赴，它们也不会带领你走向成功。

在浏览器项目开始的初期，史蒂夫告诉我们他想让浏览器的速度足够快。唐给我们制定了实现这个目标的规则：永远不做任何让浏览器变慢的改动。此外，PLT 使我们有了实现目标的方法。浏览器团队将 PLT 嵌入了日常工作流程，我们利用测试结果来衡量和监测我们的进度。差不多一年后，当我们做好发布 Safari 的准备时，史蒂夫可以在舞台上，用非常直接的方式，告诉全世界我们成功了。我们的极速浏览器稳坐链条的终端，这个链条将灵感、目标、计划、过程、产品连接在一起。

把绿湾包装工队赢得橄榄球赛和在库比蒂诺开发浏览器这两件事放在一起比较，似乎有些牵强，但在任何领域，要想获得卓越的成就，最重要的是弥合偶然和刻意之间的鸿沟。我们要追求的不仅仅是某件重要的事情或者所有事情，还有特定的、被精心挑选的事情，而且要把语言变成一种愿景，用这个愿景激励我们采取行动，最终得到结果。

当我回顾我们的技术工作和隆巴迪的教练工作时，我从他对橄榄球的态度中，看到了我们在制作苹果产品时对清晰和完美的追求。由于他一心一意地强调强力横扫，加上绿湾包装工队的胜利，隆巴迪成了橄榄球教练界的“史蒂夫·乔布斯”。隆巴迪通过专注于一个简单的战术，将他的语言和团队在橄榄球赛中的行动联系在一起；而在苹果，我们通过对不让浏览器速度变慢这个简单规则的坚守，将语言和软件开发中的行动联系在一起。

第 5 章
困境中的挣扎

在发布 Safari 后不久，我就陷入了自己经历过的最大难题，而刚好我又在那时遭遇了几乎断送我苹果生涯的重大挫折。在解决这些难题的过程中，我学到了关于在苹果内部进行合作的重要一课。

在发布 Safari 后不久，我就陷入了自己经历过的最大难题，而刚好我又在那时遭遇了几乎断送我苹果生涯的重大挫折。在解决这些难题的过程中，我学到了关于在苹果内部进行合作的重要一课。

离开苹果，去谷歌？

我们最初以测试版本的形式发布了 Safari，但仅一两天后，我们就发现了重大故障，这个故障会删除用户计算机中的数据。我们连夜赶工发布了补丁，虽然出现了这个不和谐的插曲，但苹果高管团队普遍认为我们的浏览器远超预期。斯科特·福斯特尔对此非常满意，他提拔唐担任一个新技术团队的负责人，这个团队负责 Safari、邮箱程序以及我们的即时通信软件 iChat 等产品。

我的收获却没有那么理想。唐的升迁使 Safari 团队经理的岗位空了出来。我想毛遂自荐，但这个岗位最终由我的同事达林·阿德勒接任。我为浏览器项目倾注了无数心血，也是整个团队的创始人之一，因此对我来说，这个决定太轻率，也太神秘。事实上，在做出这个决定之前，唐仅与我做过一次简短交流。

我无法因为达林想要得到这个职位而指责他，他也有足够的资格，但我仍然很沮丧，以至我开始考虑是否要离开苹果加盟谷歌。我发了一封邮件，看看是否有机会得到这家网络搜索公司的垂青，结果他们邀请我参加一个为期两天的面试。和之前我与唐的短暂沟通不同，谷歌的面试是按部就班地进行的，他们带我见了一个又一个工程师，每个人都问了我很多棘手的编程问题，看着我如何在他们提供的白板和笔记本电脑上解决问题，给出答案。

这些面试进行得很顺利，因为几天后当谷歌招聘人员给我打电话告知我被录用的消息时，她问我对薪资和股份的要求，并着重强调了一句话："大胆地想！"

很遗憾的是，至少从财务的角度来看，我从来没有机会向其报价或者大胆地想，因为我告诉她我决定留在苹果。

那时，斯科特听说我对 Safari 经理岗位人选的决定感到很失望，他找到我，我们面谈了几个小时，他很明确地表示不希望我离开。他让我把经理变更的事情抛诸脑后，为了帮我做到这一点，他说想要更深入地了解为什么我会产生离开苹果的想法。在我们聊了一会儿之后，他得出了很正确的结论，我更喜欢项目本身而不是争权夺利。明白了这一点后，他说他可能会交给我一个有趣的任务，几周之后我们将一起讨论。

我很满意这个决定。我真的不想离开苹果。我已经感受到了公司对制造伟大产品的关注，而我想要做更多伟大的产品。斯科特对我的信任比任何语言都有意义，这份信任让我决定留下来。谈话结束后我边走边想，只要与他一起工作，可以在必要时寻求他的帮助，我就可以接受。

成为“签字”人

正如他所承诺的那样，斯科特在几星期后把我叫到了他的办公室。他从电子邮件如何演化说起——自诞生以来，电子邮件已经从一个仅能发送文字的媒体发展为多功能媒体。诸如 Hotmail 等基于浏览器的电子邮件服务变得越来越受欢迎，Mac 用户越来越频繁地使用以网页为主体的电子邮件作为信息传递的媒介。那时距离脸书这种无处不在的社交网络的出现还有十余年的时间，电子邮件是分享数字内容的最佳方式。公司使用电子邮件发送营销手册，垃圾信息制造者利用电子邮件直接向大众发送广告，人们使用电子邮件中的 Apple iPhoto 之类的应用编辑家庭度假相册。

斯科特说，越来越多内容丰富的信息利用网络技术来编辑文本和展示图像。问题在于，我们苹果的邮件程序无法编辑或者回复这些基于网络的信息。斯科特想到了一个解决办法，他认为我们可以利用全新的浏览器代码内核 WebKit，提升 Mac 计算机的邮件使用体验。技术上的挑战在于，作为计算机用户，我们浏览网页。除了在电子商务网站上填写信息，我们在阅读网页时从不编辑它们。为了实现这个计划，他希望我改进和调试现有的浏览器代码，使得人们可以像处理文档一样使用通用的操作方式（输入文字、用鼠标选择一段文章、用键盘删除、剪切、复制、粘贴）编辑电子邮件中的文本和图片。斯科特说我们可以在 Safari 和 WebKit 身上得到回报了，因为现在我们可以自主决定在未来的 Mac 产品上加入哪些全新的网络技术功能。斯科特问我觉得这个创意是否有趣。

我从未做过文字处理工作，但我不想让斯科特失望，所以我点头同意。

斯科特认为这是一个充满热情的肯定，因此他接着阐述自己的想法。他提到史蒂夫对邮件的执着：我们的首席执行官在重新加入苹果后的这些年里还在坚持用 NeXT 计算机发送电子邮件，因为他认为前公司的软件能带来无与伦比的体验。

我表示自己清楚史蒂夫的高标准，不管是对电子邮件还是其他任何事情。斯科特接着说，史蒂夫希望我们能够确定这个网页邮件编辑功能，他本人将亲自跟进这个邮件项目，如果能交出完美答卷，我们系统平台上的邮件体验将得到大幅提升，而我是这项工作的最佳人选。

尽管斯科特口中关于史蒂夫的说辞只是为了激发我接手这项网页邮件编辑工作的动力，但我还是能感觉到背后的暗潮涌动：史蒂夫给斯科特施加了很大压力。斯科特不仅希望做成这件事情，而且要求我们必须做成这件事情。

这次交谈很好地诠释了苹果软件开发工作的一个重要层面：斯科特这一级别的领导为我这样的程序员提供了很多项目机会。斯科特的判断是正确的，在实现网页邮件编辑这件事情上，的确没有太多的工程师可以选择，而史蒂夫和斯科特想要实现这个新功能。如果苹果要发布这项功能，那么必须有人“签字”（signing up），带头负责并成功完成这项工作。

我第一次见到“签字”这个术语是在特雷西·基德尔的《新机器的灵魂》一书中。这本书曾获得普利策奖，记录了20世纪70年代末期，通用数据公司（Data General Corporation）开发小型计算机的秘密过程。基德尔用这个术语描述了公司里一位经历挫折的年轻工程师揽下重任的情景。在苹果内部，我们从不像基德尔那样在书中正式而明确地使用“签字”这个说法，但基德尔讲述的故事多年来早已在高科技领域广为流传。很多苹果员工都读过这本书（我当然也读过，而且读了不只一次），所以我们都很清楚“签字”这个词的含义，即便不说出口，我们也一直在践行。

在苹果词典里有一个与“签字”含义相近的词语：直接负责人（directly responsible individual，我们在对话中通常把它简称为DRI）。这个词指的是那些在开发硬件或软件的过程中，掌握核心技术或解决重要问题的关键人物。DRI就是需要对某项工作全权负责的人。

当坐在斯科特身边与他交谈时，我本可以拒绝“签字”，不担任这个邮件编辑项目的DRI，要么要求参加其他项目，要么直接告诉斯科特我要去谷歌了。但是，只要我仍然是一名软件开发者、一名技术人员、一名产品制作人，我需要承担的项目就只会在细节上有所不同，而工作方向不会有任何变化。所以，我“签字”了。

“好的，斯科特。我会全力以赴。”

他喜欢这个答案。

这就是我成为负责人的全过程。而此时，我对在 WebKit 内核中增加网页编辑功能这项工作几乎毫无了解。

“海森堡”故障

当开始邮件编辑工作的时候，我点击电子邮件网页中的“回复”按钮，使邮件程序把网页跳转至当时人们使用的 Apple Mail 邮件撰写应用，而这个应用程序仅能提供基础的文字造型功能，比如字体加粗、斜体、下划线。这个邮件撰写应用并非一个网络浏览器，并不能很好地破译网页内容。一封网页邮件的回复可能以“2003 年 1 月 31 日，某人写道”开始，以人们完全读不懂的乱码结束。

我的工作就是使这些乱码消失。要完成这项任务，我必须将简单的邮件撰写应用从 Apple Mail 的代码中取出，换成 WebKit，而这一切改动不能被用户感知到。我要让电子邮件撰写功能与之前一模一样，而且要保证用户在回复网页邮件时不会再出现乱码。

苦思冥想几日后，我找到了开启新编程项目的关键点。我决定增加一个插入点，也叫脱字符号或光标，在编辑文本时，光标会在当前编辑位置闪烁。我在一个月之内做出初步的光标示例程序，却花了将近一年的时间把 WebKit 编辑工作做好，接下来我才开启了编辑收件箱中的网页的工作。这比我预计的时间长了很多，但在我的苹果职业生涯中，这是仅有的一次，我没有被紧张的时间表扼住咽喉。（我不知道是什么原因，我也不想寻找其中的原因。）

我要添加很多编辑功能，包括输入、删除文本，为撤销操作提供支持，还要测试所有增加的编辑功能会不会使网页加载速度变慢。尽管在几个月的努力后，我取得了长足进展，但我仍然被最初增加的光标的放置、移动和闪烁带来的故障困扰。

启动这个项目之前，在发送文本信息、编辑邮件、在互联网留言板上留言、写长篇报告，以及用 Keynote、Word、PowerPoint 等软件程序做演示文件时，我从来没有在光标这件事情上多加留意。我发现这个藏在文本中的熟悉功能竟然如此复杂。

要解释我遇到的困难，需要从光标的两种行为规则说起：一种是简单规则，另一种是复杂规则。

简单规则：光标在你输入文字的时候停止闪烁，而在你停止输入后立刻恢复闪烁。

复杂规则：在正常的文本区域中，每一行的最末端可以容纳无限量的“空格”。这看起来很荒唐，但这是为了保证文本可以“左对齐”。如果没有这个规则，在每一行的最后增加空格会导致文本框左面的文字参差不齐。要看这个规则如何工作，请将光标放在一段被分成几行的英文文本中间一行里最后一个单词的后面。现在开始输入空格。一旦光标移到本行的最后，即换行的地方，即使输入再多的空格也不会使文字或光标移动。额外增加的空格是看不见的。要想查看所有的空格，你需要调整文本区域的大小或通过增加或减少字符让整个文本重新排布（见图 5–1）。

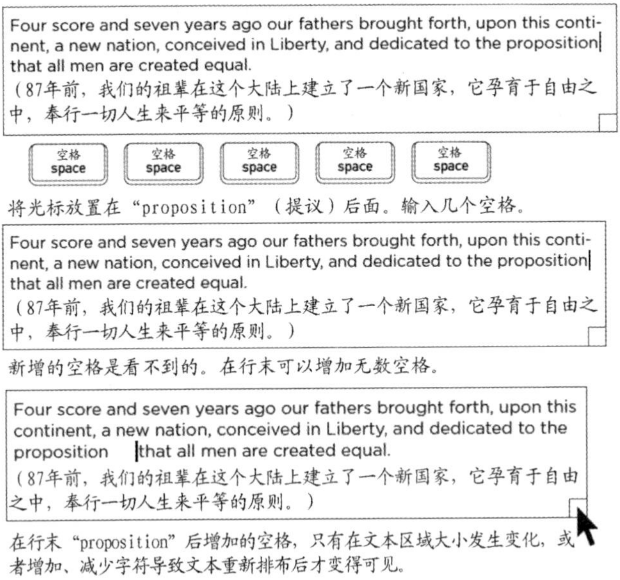

图5-1　一项“复杂”的光标规则

在 WebKit 编辑项目开始之前，我对这些规则有着直观的认识，确信如果这些规则突然消失，我就会在第一时间感受到。比如，为什么左对齐的文本现在变得参差不齐？但我没有深刻地理解这些规则。既然这项把 WebKit 打造成功能齐全的文本编辑器的工作由我来承担，我就不能把认知仅仅停留在感性层面，我必须成为文字处理专家。关于这个问题，当时没有现成的程序员指导手册可供参照，我必须靠自己反复测试，挖掘其背后的规则。我需要掌握所有规则的每一个字母和其含义，不论是简单规则还是复杂规则。在研究过程中，我花费大量时间仔细研究了不同文字处理软件，比如微软的 Word 软件、Apple

Mail 编辑器以及我用来写代码的 BBEdit 软件等等，反复测试、敲打、输入、点击。渐渐地，我对规则的了解逐步深入，也掌握了实现这些功能的代码的编写方法。当我编写代码的时候，我却又被困住了。

我无法让光标在所有情况下都正确显示。大多数时候它是正常的，但会突然发生错误：有时闪烁的光标会在某位置固定住不再移动；有时它会在我点击鼠标之后完全消失；有时它会在输入文本时跳过字符或行，或者完全随机地出现在另一个地方；有时，敲打某个按键，它可能会重新出现，也可能不会出现。光标上出现的故障是程序员最不愿意见到的，因为这种错误没有固定的模式，如果按照之前的步骤再执行一遍，这次的表现又可能一切正常。

程序员为这种缺陷起了一个名字，这个名字来自量子力学中著名的“不确定性原理”的提出者——沃纳·海森堡。我的光标故障就是“海森堡”，排除这个“海森堡”故障是我解决过的最困难的问题。

要解释清楚我遇到的这个“海森堡”难题的全貌，我需要先介绍用来定义网页的工具、HTML（超文本标记语言）以及更多难以理解的工具。比如 DOM 节点结构、树遍历算法等等。下面我将使用类比的方式降低理解难度。想象一下下面的场景：

> 面包店里，一位顾客走到柜台前下单定做一个蛋糕。顾客对蛋糕店的店员说：“我需要一个上面写有‘生日快乐’，下面写有‘汤姆’的蛋糕。”

请问两位当事人该如何相互确认他们的信息是一致的呢？如果将这句话中的标点符号去掉，使语句与互相交谈的状态更接近，信息确认将变得更加困难：

我需要一个上面写有生日快乐下面写有汤姆的蛋糕。

至少在某些时候，这种交流方式会导致人们无法确定蛋糕的样子，对此我们不应该感到惊讶。原因可能是顾客并没有交代清楚，或者可能是烘焙师缺乏常识，或者仅仅是烘焙师太疲惫了。不管怎样，一旦这样的情况发生，结果就是一团糟（见图 5-2）。

图5-2 上面写有生日快乐下面写有汤姆的蛋糕

在我的订单里，顾客只要求把两个词“生日快乐”“汤姆”写在蛋糕上，但是别忘了，顾客还有明确的书写位置要求，所有的信息在最初的对话中都非常明确。大多数时候，人们可以从上下文中理解真正的含义，但有些时候人们就是会搞错。

文字处理软件好像生日蛋糕订单。当你在文字处理器中输入字符，选中一个单词将其加粗，然后用鼠标点击其他地方接着输入时，你将创造一个可以直接指示文本外观的数据流。文字处理软件必须像一位尽职尽责、效率极高的蛋糕店店员一样，记录你所有的动作，保证你的文件像你期待的那样被呈现出来。

在处理光标无法正确移动的问题时，我发现问题出在 HTML 的网页数据格式上。HTML 中的“标记”（markup）指的是数据与元数据（数据信息）交叉存取的方式。以下是一些关于 HTML 与其呈现结果的例子：

```
Some <b>bold text, some <i>bold italic</i></b>, and some
plain.
```

Some **bold text, some *bold italic*,** and some plain.

正如你所看到的，在顾客向蛋糕店的店员陈述的生日蛋糕订单上，文本和与造型有关的提示被混在了一起。在 HTML 中，要区分标记和内容并不总是一件容易的事情，因为数据和元数据混在了一起。

我再举一个更加复杂和现实的例子，这是我从维基百科页面摘抄过来的关于白枕霸鹟的案例，白枕霸鹟是一种生活在南美洲的小型鸟类，它的 HTML 源文件及呈现结果如下：

```
<p>The <b>white-naped xenopsaris</b> (<i>Xenopsaris albinucha</i>),
also known as the <b>reed becard</b> and <b>white-naped becard</b>,
is a <a href="/wiki/Species" title="Species">species</a> of
<a href="/wiki/Tyranni" title="Tyranni">suboscine</a> bird in the
<a href="/wiki/Family_(biology)" title="Family (biology)">family</a>
<a href="/wiki/Tityridae" title="Tityridae">Tityridae</a>, the only
member of the <a href="/wiki/Genus" title="Genus">genus</a> <i>
<b>Xenopsaris</b></i>.
```

The **white-naped xenoparis** (*Xenopsaris albinucha*), also known as the **reed becard** and **white-naped becard**, is a species of suboscine bird in the family Tityridae, the only member of the genus ***Xenoparis***.

上面的 HTML 文本中哪些部分是呈现出来的文本，哪些部分仅仅是格式提示、链接或其他无须呈现的数据？标记从何处开始，在何处结束？我们要从尖括号开始理解，但实际情况比这复杂得多。的确，我在 WebKit 编辑项目上的第一个挑战就是面对 HTML，各种格式混杂在一起，以至在文字处理过程中我无法将其转换成通用数据。我无法找到在数据和正确显示效果之间来回切换的正确途径。如果我做不到这一点，那么我就没办法让光标在正确的位置闪烁。

我花了几个月的时间试着找到区分内容和标记的方法，随着时间的流逝，我变得越来越焦虑，无法静下心来解决这个难题。为了研究 HTML 的特定序列，我添加了更多案例，对故障进行了详细的研究，试图识别发生错误的模式。我在苹果的办公室里花了数周时间集中精力解决这个问题，但是毫无成效，于是我开始在晚上和周末待在家中继续编程，寻找解决方法，但没有取得任何成果。

我彻底被这个难题困住了。

寻求帮助

我最终决定向唐寻求帮助。尽管我对他没有选择我作为继任者的举动依然感到很失望，但我们之间长久以来建立的友谊仍然存在。尽管他已经不是我的直接上级了，但每当我遇到难题时，我还是会向他咨询。在光标的难题上，我的确需要他的帮助。我向他承认自己已经为了这个故障孤身奋战了很久，现在需要他的建议。尽管我已经完成了很多其他功能的开发，但我现在开始担心整个项目可能会由于我无法写出可靠的光标代码而宣告失败。

唐建议我见一见网络浏览器团队中的两位同事，一位是我的现任经理达林·阿德勒，还有一位是协助我们改进代码的临时承包商特雷·马特森。两位都是有着远超我 8 年专业编程经验的优秀程序员。达林在 Safari 的工作，实际上是他在苹果工作的第二阶段——第一阶段可以追溯到 20 世纪 80 年代，当时他带领软件架构团队参与 System 7 的开发，System 7 是苹果计算机历史上非常有名的操作系统。特雷是 NeXT 公司 AppKit 的早期开发者，AppKit 的代码现在是苹果公司应用程序开发的核心代码之一。唐认为这两个伙伴知道如何帮我解决技术难题。

一两天之后，达林和特雷来到我的办公室，我站在白板前。两位同事都打起精神专心听我的问题。达林有些坐立不安，坐在我为客人准备的椅子上，以椅子后腿为支点前后摇晃，特雷挺直身板安静地坐在我刚从走廊推进来的空闲办公椅上。这个场景看起来像隆巴迪为他的球员在黑板上讲授战术的片段的三人版本，不同的是隆巴迪散发出自信的气质，而我则满是困惑。我尽全力地向两位同事介绍我遇到的光标难题，整个白板写满了图示。我告诉他们自己知道如何在网页内容中定位和移动光标，重新叙述了有关使用 HTML 作为文字处理数据格式的种种试验细节，列出了所有我无法处理的案例以及反复出现的“海森堡”。我将一切和盘托出，告诉他们我遇到了瓶颈，不知道接下来该怎么做。

达林和特雷问了一些问题，差不多半小时后，他们找到了光标难题的根源：我在数据的问题上耗费了太多时间，却没有在视觉上想办法。我一直专注于破译 HTML，却忽略了真正应该下功夫的地方是保证产品呈现的结果。

当我阐述自己在针对某特定情况——对点击右箭头键进行回应——尝试移动光标这件事情上努力时，达林和特雷发现我并没有从用户的角度出发解决问题，我没有为此写任何一行代码。没错，我写了检查敲击按键的代码、追踪光标当前位置的代码、记录光标周围 HTML 结构信息的代码，以及导航所有尖括号的代码。我甚至还有一套利用代码组件生成光标移动的协调方法。他们觉得这些并不够好，我需要在软件中增加权威命令：“将光标从当前位置向右移动一位。”这是一种即能处理 HTML 数据的复杂性，又能处理呈现给用户的结果的处理方式。

达林和特雷认为，没有这种命令，我就像一个慌乱的蛋糕店的店员，拿着一叠便利贴，在凌乱的黄色小贴纸上胡乱记录生日蛋糕订单，希望自己能参考这些信息，制作完美的蛋糕。他们认为我的代码就像这些便利贴一样，毫无结构和顺序可言，因此光标很难每次都显示正确的结果。

他们建议我开发一个像生日蛋糕订单——一个经过深思熟虑和精心设计的订单——那样的软件，为每个对最终光标行为结果有影响的信息预留空间。他们仔细研究了代码的缺陷，比如光标有时会消失。他们认为这是绝不应该出现的情况，就像一个蛋糕店永远不应该做好了蛋糕，却不知道是谁下的订单一样。我的代码需要明确的步骤，以保证光标一直可见（不管 HTML 多么复杂），就像一个蛋糕店店员在顾客下单时需要准确记录顾客的联系方式一样。

当谈到解决问题的方式时，他们告诉我应该清空所有代码。几个月以来，我一直逐个解决每个特殊情况下的光标功能。他们说这是一个错误，并对症下药地给出了处方——将所有代码集合在一个简单的 C++ 类别中。他们建议我们把它称为“可见位置”，这不仅仅是为了让代码变得更简洁。这代表了一种重要的科技洞察力：当软件行为难以理解时，试着让代码更有条理一些。我的光标代码需要像蛋糕店的订单那样有固定格式，以确保每个蛋糕都写上正确的字。

会议结束后，我完全按照他们的建议进行修改。我将代码集合到一起，添加针对视觉效果的明确指令。尽管我并没有豁然开朗，但至少在解决“海森堡”的路上，我已经迈出了实质性的一步。

为什么达林和特雷可以预见这一点而我做不到？毕竟，我一直在做 C++ 分类，这是很普通的编程任务。也就是说，当时我在处理项目其他部分的其他技术问题，为了简洁起见，我在这个项目中忽略了这个问题。然而，当我最终开口向达林和特雷求助时，我能够将整个问题解释清楚。达林和特雷听了我的解释，从优秀软件架构师的角度出发，迅速找到了症结所在，并用通用法则解释了为什么他们会做出这样的建议。

除了他们的丰富经验，我当时的心态也是使问题得以快速解决的重要因素之一。如果更早一点儿求助，我就可能在这样的技术研讨中表现出自我防卫的一面。我对自己的技艺和解决问题的能力有十足的自信，并因此而骄傲，尽管我一直认为自己对合作秉持开放的态度，但事实可能并不像我想象的那样。如果没有如此绝望，我可能不会完全信任达林和特雷给出的建议，甚至会以很微妙的方式解读这些建议。

想想看，如果我当时的心态有所不同，结果会怎样？如果我在白板上少画些图表，一直用单调的语调喋喋不休，而同事们的注意力难以集中，怎么办？如果在听他们的反馈时我表现出一种拒绝的姿态，比如没有在白板上写东西时双手在胸前交叉站在那里，那会怎么样？如果达林和特雷仅仅是听从上级唐的命令坐在这里，而实际上并没有认真了解我的问题，怎么办？如果以上任何一种情况成为障碍，那么我现在仍然被难题困在原地。

然而我没有。会议结束后，我立刻按照达林和特雷给我的建议行动起来。然后在接下来与他们进行的代码变更讨论中，我制作了一个示例程序，演示了他们的建议是如何带领我排除一系列故障的。现在，光标已经不会突然消失了，它会按部就班地出现在它该出现的位置。

从“我”到“我们”

后续的互动产生了我从未预料到的影响。得知自己的建议明显改善了代码质量后，达林和特雷感到欣喜。虽然让光标表现得更加完美的技术工作仍然是我的责任，但他们也可以共享自己的建议所带来的转变。我们可以在走廊里、餐桌上讨论项目的细节，我们的合作也让他们有理由给出进一步的想法和建议。

我成功地让同事们参与了我的光标移动工作，这种参与方式并不是问个问题，然后说声谢谢，而是深入我正在进行的过程，参与每一次代码修改、示例评审以及午餐讨论，他们的建议对我意义非凡。让光标正确地显示，已经不仅仅只是我的项目了，它现在是我们的项目。

这个过程给我上了重要的一课：人比编程更重要。这听起来很老套，但很多程序员认为，比起同事，与计算机相处反而更容易。在硅谷有一种趋势，人们认为每一个问题都必将有一个技术答案。但是，如果在Safari管理岗位人选变更后，斯科特没有对我说出正确的话，那么我可能已经在谷歌工作了；而且我可能也永远无法承担起WebKit编辑项目负责人的重担。如果唐、达林和我由于这次变更而无法继续一起工作，或者我因太高傲而拒绝接受达林和特雷的建议，那么我可能仍然在困境中挣扎，而我的WebKit文字处理项目可能会彻底失败。

这个项目没有失败，尽管我设计了 HTML 编辑的所有概念，独自为消费者编写了每一行可以实现在网页上编写邮件的功能的代码，但我也不能声称是靠自己完成了整个项目。

作为自称“极客”的程序员，我有着典型极客程序员的沟通能力。这个最大难题的提出和解决的过程给了我一个重要启示——无论是在软件技能方面，还是在社交能力方面。

第 6 章

神秘的 Purple 项目

亨利和我见面时，我告诉他，自己希望立刻卸下同步服务工作的担子。尽管如此，亨利依然保持冷静。他说这实在太突然了，需要把更多的信息传达给斯科特，以便他们做出决定。就在此时，我提到了那个超级秘密的项目，并提到如果能被调到那个项目，我可能就不会因为谷歌而离开苹果。

在苹果，其实没有多少时间是留给人们享受胜利果实的。史蒂夫·乔布斯曾在2006年曼哈顿第五大道的苹果零售店开幕时，接受了美国全国广播公司晚间新闻主持人布莱恩·威廉姆斯的访谈，在访谈中，史蒂夫提到了这一公司精神。威廉姆斯问史蒂夫觉得自己属于“美国思想家和发明家行列”中的哪一类。最初，史蒂夫试图回避这个问题，但当威廉姆斯追问时，史蒂夫说道:“如果你做了一件事情，结果还不错，那你应该接着做下一件美好的事情，而不是躺在胜利的果实上沾沾自喜。赶紧去想想接下来要做什么。”

错误决定

当 WebKit 文字处理项目接近尾声时，我也开始寻找下一个目标。这个项目完成得不算成功，但是我发现史蒂夫提出的成功之后要做的事情同样适用于一个遭遇失败的人。

在结束 HTML 编辑工作后，我重新找到斯科特·福斯特尔，讨论下一个任务。我向他坦陈自己仍然在为两年前没能得到 Safari 经理岗位的事情而遗憾，并询问是否有机会在他的部门里掌管另一个程序员团队。

当时，同步服务团队的经理岗位人员空缺，这个团队负责苹果计算机和苹果云服务（我们当时称之为 .Mac[①]）之间的数据同步工作。我毛遂自荐，想得到这个职位。斯科特同意了，他手下负责包括同步服务在内的若干个团队的负责人亨利·拉米劳克斯也同意了。

我喜欢新团队的同事，同步服务在技术上也富有挑战，但很快，我就开始觉得这份工作给我带来了痛苦。为什么？主要的原因还是我尚未做好应对日常事务变化的准备。我之前的工作就是日复一日地编程，而现在却要肩负管理整个团队的重任。我的日程表里排满了各种会议，我需要协调与同步服务有业务联系的部门之间的关系。这份工作包含了太多我没有预料到以及令我无所适从的管理工作。我没有意识到自己是多么依赖写代码，写代码的过程能给我带来成就感和乐趣。突然间，我的编程能力变得不再重要了，我也不知道怎样才能做好一名管理者。我不应该请求得到这份工作，这是我为了弥补错过 Safari 经理岗位的遗憾而做出的错误决定。

我也开始逐步认识到，在苹果公司内部，项目与项目之间是不平

---

① 在 iPhone 和 iPad 问世前，同步服务是为使用多个苹果计算机的用户提供的，他们可能在家里有一个台式机，随身携带一个笔记本电脑。而且请注意，同步服务只在苹果计算机之间更新数据，你的苹果计算机和你的 iPod 之间是不会同步音乐的。音乐同步功能是由 iPod 和 iTunes 团队负责开发的。

等的。一天，我偶遇在斯科特部门负责市场营销的同事。他在为网络浏览器进行推广工作，一直与唐直接接触，我经常在 Safari 办公区域的走廊上遇到他，于是我们闲聊了一会儿。

“嗨，肯，在新的管理岗位上感觉怎么样?”

“嗨，库尔特，还不错。”我说谎了，因为我觉得这次简短的谈话可能会带来一线希望，我往好的方向说，“我现在管理了同步服务，也许我们可以在市场推广方面合作一下。”

听到我的建议后，库尔特的脸色变了。他尴尬地笑着，然后他向我道明了一个事实。显然，这个事实他很清楚而一直没有人给我点破。

“肯，我们在同步服务上不做营销。我们认为它……嗯……怎么说呢，不是一个面向消费者的技术。”

库尔特的窘迫一半是因为自己一半是因为我。我立刻明白了所谓的“面向消费者”不过是“重要”一词的委婉说法，至少从营销部门的角度来看是这样的。

这个看法远比你想的更重要。苹果是一个面向消费者的公司，公司一直在找各种各样的理由说服消费者购买苹果产品。如果营销部门对向消费者宣传同步服务这件事情不感兴趣，那么这只能说明同步服务是苹果认为必须要做的，而不是真正想要做的或者做起来会令人兴奋的事情。

我不知道该如何回应库尔特，便结束了谈话。我就这样走着，拿了午餐，然后回到办公室，关上门。我盯着 Mac 计算机日历程序中的日程表，陷入了沉思，想知道自己能否忍受这种永远无法吸引消费者购买苹果产品的幕后技术工作。

就在我感到彷徨的这段时期，我听说一个秘密项目正在紧锣密鼓地筹备，这个项目刚好是由斯科特领导的部门负责的。我不知道它具体是什么，连关于它的小道消息都极其稀少，这意味着它一定是一项重要工程。是新产品吗？一款需要新软件的新硬件吗？我一无所知，但我很确定一件事情：作为同步服务团队经理，我很茫然。

几乎没有人知道我是多么不开心，但我妻子很清楚。她一直鼓励我对工作抱有灵活开放的心态，和我结婚的是她，而不是苹果。她建议我再次联系谷歌。在 7 月 4 日那个周末，我接手同步服务团队仅三个月的时间，我们做出了决定。我要告诉亨利，我不想再做管理者了，我承认我犯了一个错误，我觉得放弃比坚持下去更有意义——不管是对我个人还是团队。

亨利和我见面时，我告诉他自己希望立刻卸下同步服务工作的担子。我非常坚持。现在回想起来，其实很不公平，我本应给他更多的时间进行调整和交接，但我没有。尽管如此，亨利依然保持冷静。他说这实在太突然了，需要把更多的信息传达给斯科特，以便他们做出决定。就在此时，我提到了那个超级秘密的项目，并提出如果能被调到那个项目，我可能就不会因为谷歌而离开苹果。

当我说到这里时，亨利的头突然像后仰——人们在听到无法相信的消息时做出的那种动作。要求调岗以及用辞职来威胁的方式在亨利看来一定是一种故意的刁难，但我真的没有刁难他。我只是从程序员的角度，把它看成一个关于 0 和 1 的二进制问题：要么全身心投入同步服务团队管理者的工作，要么完全不做。

显然，不可避免地，我与斯科特进行了一次面谈。我把对亨利说的那些话又跟斯科特说了一遍，尽管这套说辞没有让亨利信服。我承认管理同步服务团队的工作并不适合我，如果继续留在苹果，我就必须做其他事情。我诚挚地道歉，并提出辞职。斯科特让我缓一缓。从他的角度来看，我已经得到了自己曾想要的管理岗位，而仅仅几个月之后，我又提出了其他的要求。我已经为同步服务团队“签字”，“撕毁协议”绝对行不通。斯科特试图理解和帮助我，但他并不认为我知道自己到底想要什么。当回首这段往事时，我认同他的怀疑。在面谈的最后，他让我暂且等待，先不要做任何决定。

几天后，亨利叫我去他的办公室。他关上门，我们坐下，他让我在一张纸上签字。这是一份用苹果通用格式起草的保密协议，根据协议内容，我不能跟任何我不确定是否签署了这份保密协议的人透露协议约定的保密内容。在加入苹果时，我已经签署了一份通用的保密协议，但我能意识到签署面前这份保密协议后会发生什么。

没有任何犹豫，我签下了自己的名字。

接着亨利对我说：“我们现在正在做一个手机，代号是 Purple（紫色）。”

就这样，我加入了公司目前（可能也是公司历史上）最重要的秘密项目。我的感觉很复杂，有愧疚也有兴奋和喜悦。如果 Safari 和 WebKit 两项工作给我的信任账户加了很多分，那么现在这个账户已经被清零了。我与斯科特的关系似乎在一瞬间变得不一样了，一开始我不确定自己与亨利的关系是否发生了变化，但在接下来几星期，他向我投射的斜视的目光告诉我，我们之间的平衡被打破了。

智能手机开发团队

在签署保密协议的两星期后，我与新成立的 Purple 软件工程师团队的其他成员（一共 6 到 8 人）一起搬到大厅办公。办公地点选在这里绝非偶然，这里与斯科特很近，他负责整个智能手机开发项目。

我们与 HI（人机界面）团队仅一门之隔。他们是为 Purple 软件赋予灵魂的设计师，负责从概念、规则到动画、图标的设计；而我们编程团队则负责通过代码、算法和各种应用给 Purple 增添筋骨。我们在一起，要给触屏操作系统以生命，使我们的手机充满个性。

很快，在编程团队工作的大厅，出现了一道安装了识别系统的新大门，这意味着没有签署保密协议的苹果员工不能在我们的办公区域随意走动，不能探身来看 Purple 项目的工作内容。如今，我们就安身于自己的秘密大厅里。

现在我又跟之前在 Safari 项目上合作过的同事碰面了，包括理查德 · 威廉姆森，现在他是我的主管。理查德向亨利汇报工作，亨利此时已经不再管理同步服务项目了，他应该不是通过我那种极端方式离开的。Purple 项目启动后，斯科特和亨利开始在整个苹果软件的组织架构范围内寻找程序员。我们所有人，包括亨利和格雷格 · 克里斯蒂带领的 HI 团队，都向斯科特汇报工作，而斯科特则是可以直接与史蒂夫·乔布斯对话的人。

我们计划围绕一种叫“多点触控”的技术进行手机软件开发，“多点触控”技术是一整套硬件和软件系统，它可以感知和响应手指在能够显示彩色内容的透明触摸屏上做出的敲击和滑动动作。“多点触控”实验已经在苹果内部进行了一段时间，但我在加入团队前，一直都不知道它。

现在我需要了解这个项目。

在我第一次前往 HI 工作室观察多点触控时，巴斯·奥尔丁就带我看了他做的一个交互示例程序，当然还是用 Adobe Director 做的。他的桌上放着一个叫作“沙袋鼠”的设备，这个手机大小的实验设备就是巴斯开发和测试他的触摸屏示例程序使用的工具。硬件原型和软件原型在沙袋鼠上结合到一起，沙袋鼠是我们的智能手机的模拟机，可以提供与真正的产品完全一致的触屏功能和触摸手感。沙袋鼠通过一个约 1/4 英尺厚的辅助硬件板和连接线与 Mac 计算机相连，而沙袋鼠仅仅是一块儿屏幕。Mac 计算机提供计算能力以及各种各样的连接器功能。所有这些装置为软件原型的诞生提供硬件支持。巴斯拿起沙袋鼠显示屏，随着敲击和滑动，他向我展示了一个苹果风格的触屏用户界面系统雏形，包括一个叫 SpringBoard[①]的主屏幕图标程序，以及惯性滚动——屏幕滚动至最后一行时还会回弹。如今我们都知道这些东

① 通俗来讲就是苹果 iDevice 的桌面，属于 Dock 式结构。Spring Board 包括 iDevice 的解锁后主菜单界面、Spotlight 搜索界面（主菜单下滑后出现）和多任务切换菜单（连按两次 Home 键之后出现）。——译者注

西的样子，但在那一天，我第一次看到未来的个人科技。

尽管这些令人印象深刻，但巴斯展示的软件并不能作为长期开发的坚实基础，因为我们并没有可以将 Director 示例程序变成可交付产品的工程路径。我们需要一个基于 C++ 或 Objective-C 等硬核编程语言的软件基础架构，正是在史蒂夫做出这一决定之后，我加入了 Purple 团队。

先于我几个月加入 Purple 团队的理查德让我跟进具体细节。他告诉我，他们曾经考虑过 iPod 软件平台，因为它已经在手持设备上运行了，但他们怀疑这个平台能否被扩展为一个能供多个应用同时使用的复杂系统。他们还曾尝试使用为 Mac 计算机开发程序的全功能 AppKit 架构，因为它可以提供菜单、窗口以及很多必需的用户界面，但他们怀疑这个系统能否被压缩至硬件资源受限的智能手机中。这意味着在一系列精美制作的网页基础上构建用户界面系统使他们担心这个计划的可编程性不够强。他们还想过从零开始做一套全新的触摸式用户界面系统。

以上所有计划都同时进行，但在几个星期的调研之后，我们发现 AppKit 和 WebKit 路径似乎无法实现，于是它们被我们剔除了。

我们在做网络浏览器项目的早期，也曾经历过类似从一系列选项中选择一个技术路径的过程。但 Purple 不一样，Purple 更加重要，史蒂夫正在密切关注项目的进展。作为一个可与当前炙手可热的 iPod 相抗衡的全新硬件产品，它在未来可能会瓜分 iPod 的销售额，到底由谁来主宰这个下一代重量级产品的开发过程，在苹果内部曾引起一场激烈的竞争。托尼·法德尔——iPod开发部门的高级副总裁，曾希望由他来掌控手机软件开发工作。但斯科特·福斯特尔认为自己更合适，这两个人在高管层面展开了一场争夺Purple软件开发权的争斗。

斯科特指派亨利和其他几名软件工程师开发了一个几乎完全借鉴Mac系统，但用名为UIKit的全新多点触控用户界面系统替代了AppKit的平台，他凭借这一平台赢得了这场战斗。亨利的“特工”团队为惯性滚动和SpringBoard制作了示例程序——巴斯在沙袋鼠上展示的程序，还为智能手机上的Safari制作了示例程序，这些都可以在能装进口袋的产品上运行。这些示例程序使斯科特拥有了令人信服的理由，他使人们相信自己有能力做出汇集了Mac计算机精髓的智能手机软件系统。史蒂夫点头同意了。

自此之后，越来越多的程序员加入了Purple项目，比如我。斯科特很快选择了我的WebKit代码用于智能手机上所有可编辑文本的程序，比如Notes、联系人、日历以及邮件——任何一个需要闪烁着光标的地方。于是，我开始开发触摸屏文本编辑功能。在Purple上，我必须将之前的代码进行改编，使其适用于没有鼠标和物理键盘的硬件平台。做这件事情就好像在荒野里举着火把开辟新的道路，我感到很兴奋。我的第一个实质性进展就是做出了在手机版本的Safari浏览器地址栏中编辑网络地址的示例程序，我迫不及待地向大家展示这一成果。

每一两个星期，斯科特都会在软件开发部门的大厅审阅Purple示例程序的最近进展。一群程序员、设计师以及主管挤在斯科特的一人间办公室里。我们围在斯科特周围，他拿着最新的沙袋鼠硬件原型，用我们如今非常熟悉的双手持手机、大拇指向上的姿势捧着它。他坐在中央，扮演核心评审员和决策者的角色。当他仔细检查应用、设计，听取围绕触摸进行的计算机系统构想时，我们都伸长了脖子观察他在关注什么。

即使示例程序做得很好，我们也经常得到很多反馈意见，比如如何改进软件呈现方式。每个人都会毫无保留地说出自己的想法。示例评审就是供所有人交换意见以改进产品的公开论坛。如果示例程序做得不够好，我们会得到大量的评论和建设性的批评意见。这种情况时有发生，但互相指责则永远不会出现，我们都相信，在新的示例程序里，上一次的反馈意见都已得到采纳并得以体现。这是一个非常重要的期望：进步。

软件开发的领导们——斯科特、亨利、格雷格，以及曾负责监控开发进度的程序员主管金·福拉特——始终关心项目进展。他们在例行评审会议中不停地询问同样的基础问题：这次的示例程序是否弥合了原型与产品的差距，哪怕只是一点点？我们与上一次相比有明显的改善吗？这个技术或者应用已经步入正轨了吗？

示例程序在持续改进，确定应用程序启动动画后，我们开始测试字体大小，以确定在保证清晰度的情况下屏幕上最多能容纳多少文本。继这些早期版本之后，我们继续开发联系人和日历等应用程序的字体编辑原型。进展有时顺利，有时达不到预期。

键盘德比大战

2005 年 9 月前后，我们在键盘的示例程序上遇到了巨大障碍。尽管负责这个示例程序的两位工程师斯科特·赫兹（从零开始创建了“SpringBoard”）和韦恩·韦斯特曼（多点触控技术的核心发明者之一）为正在进行的智能手机项目做出了巨大贡献，但最新的键盘示例程序进展得并不顺利。我仍然记着斯科特·福斯特尔坐在办公椅上，身体前倾，手握沙袋鼠屏幕尝试使用键盘示例程序的场景。

无论怎样尝试，斯科特都无法用手指打出任何可辨识的文字。屏幕上的键盘给出的单词不仅是错误的，还乱糟糟的。斯科特坚持尝试，删除刚打出来的字，然后重新打字，但每一次尝试都以失败告终。最后，斯科特将沙袋鼠放在左手，将屏幕歪向一边，使其与面部呈 45 度角。他握紧手中的设备，目光紧盯屏幕，然后缓缓地移动右手，食指点击 S 键，试图打出他名字的第一个字母。但他做不到，按键太小，软件实在搞不清楚他按下的到底是哪个键。不管怎么尝试，斯科特都无法成功输入 Scott。他叫停了示例评审，放下沙袋鼠，解散了办公室中的人。

一两天后，我们被突然召集——亨利召集了 Purple 团队中的所有程序员（见图 6-1）。当时，团队共有 15 人。我们在大厅集合后，亨利宣布了一件事。他让我们全部暂时放下手头的工作，无论是 Safari、邮件、SpringBoard、notes 应用还是任何其他事情。亨利说斯科特已经按下了整个项目的暂停按钮，他希望所有人全力以赴立即开始键盘开发的工作。我们当前遭遇的键盘难题已经引起了整个管理层的担忧。为我们的触屏智能手机配备键盘软件是当务之急，而且官方消息已经传达下来：项目进展实在太缓慢了。

图6-1　亨利在大厅召集Purple团队程序员

让我们回想一下，2005年秋天，当我们秘密地进行Purple项目时，黑莓手机正在席卷市场。它的昵称“可卡因莓”形容的就是人们像上了瘾一样醉心于使用经过完美设计的配有巧克力按键的硬件键盘，用户喜欢敲击巧克力按键编辑邮件和信息。

Purple手机不会配备键盘硬件。在工业设计工作室里，我们找不到任何一个“黑莓式”的原型机。Purple的概念建立在一个大屏幕和最少固定按键的基础之上。苹果下定决心做软件键盘。在打字这件事情上，塑料按键必须为像素让步。作为一个软件团队和公司，我们全部参与其中。然而，当开始解决在没有可触摸按键的前提下在平面屏幕上打字的问题时，我们束手无策，难以在短时间内给出解决办法。

亨利看着聚集在大厅里的软件团队说道：“从现在开始，你们都是键盘工程师。”在会议结束之前，亨利下了命令：我们必须一起为键盘示例程序战斗，直到做出可以使用的全新软件原型为止。

我听着亨利的话，心中不禁暗自思索：这是不是将键盘开发重新拉回正轨的最后一战？如果做不到怎么办？Purple项目会被撤销吗？亨利没有明说也不需要明说。在我整个苹果生涯里，我们从未中断15人的工作，所有人都聚集在一起攻克一个难题。

当我们还站在大厅的时候，我的脑海中浮现出汽车仪表盘的画面，这次全体会议让仪表盘上的警告灯亮起来了，亮起的警告灯下面写着：非常重要。散会后，我回到办公室，第一次认真思索在触摸屏上打字这件事情。

我不知道其他Purple成员是如何在脑中构想的，但他们的想法也来得很快。我们的大厅变得喧嚣起来，一开始仅仅充斥着想法，但很快，几天之内，我们的第一个键盘原型出现了。大多数早期方案都很实用，我们以缩小的笔记本电脑键盘为基础，通过移动部分按键的位置来提高可用性。有些构想则充满了想象力，就像莫尔斯电码键盘一样，人们可以通过敲击和滑动来模拟点和破折号，从而打出字母。还有一种模型看起来像钢琴，要写出 keyboard（键盘）这个单词，你需要同时按下很多按键，就像在弹奏和弦一样。

我自己也做了一个键盘，和同事们一样，我最初也做了几份软件草图，其中当然不包括如今人们已经很熟悉的拼写检查、文字预测或键盘软件辅助功能。在当时还在做弹弓的我们看来，这些功能就像月球火箭一样遥不可及。我甚至没有尝试更高级一点儿的概念，而是测试了如果把按键做成连锁拼图的形式，每一个按键会不会更容易被定位。当我把这个原型拿给理查德·威廉姆森时，他不置可否。

“你的键盘跟其他人没什么两样，这行不通。所有人都把按键做得太小了，实在是太难用了，”他说，“按键需要再大一点儿。”

我用自己胖胖的手指操作了一下，确定理查德所言不假。在触屏智能手机普及以前，手持设备当中有一种新的用户交互界面，所有的按键紧密地排列在一起，每一个都比指尖小，没有任何触感可以帮助你分辨是否点击了正确的按键。如今，我们已经习惯于在触摸屏上点击，但在原型开发早期，所有在大厅集合的 Purple 程序员在沙袋鼠屏幕上敲击微小对象时都会感到紧张和焦虑，因为在那个重要的时刻，你的手指覆盖了你要点击的东西，你根本看不到自己到底按了哪个键。

这就是理查德想要解决的问题。他建议使用比指尖大得多的按键，每行排列 3~4 个大按键，放弃使用缩小版的笔记本电脑键盘。这听起来很简单，但是，很显然，如果每一个字母都占据一个按键，那么这样的键盘不可能容纳所有字母的按键。所以，我们开始在每个按键上排列多个字母，就像翻盖手机键盘那样，然后再开发多种方式（比如滑动、双击、长按），让人们选择正确的字母。

理查德做了一些原型来探讨这个方案的可行性。我自己也做了一个，命名为 Blob 键盘。

在这些"大按键"键盘上很容易点击准确的按键，但这样的键盘占据了太多的屏幕空间，而留给用户编辑文本的空间则比最初的原型少了太多（见图 6-2）。

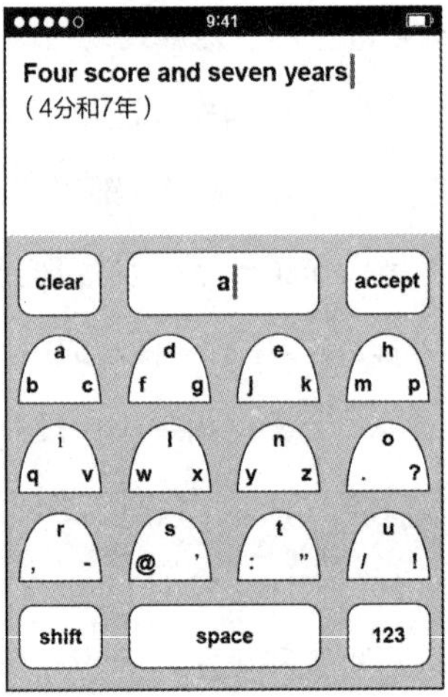

图6-2　我的"Blob"键盘原型。点击一个按键就在上方出现一个字符。要想打出按键下方的字符，就需要手指向目标字符的方向滑动一下

从用户交互的角度来看，更重要的问题是，使用者输入每一个字符都需要做一次决定。想想看：用键盘打字，无论是老式的手动模

型、IBM的电动打字机，还是你笔记本电脑上的键盘，每按下一个字符按键都会出现相对应的字符。按，就可以了。相比之下，理查德式的Purple键盘原型，每一个按键上都有若干个字符，那么用户在打字时就要考虑每一个字符。拿我的Blob键盘来说，你要想输入常用单词，比如bank（银行），就需要以下动作：

- 按住abc键向左滑动。
- 点击abc键。
- 点击nyz键。
- 按住ejk键向右滑动。

输入每一个字符都需要正确的动作，这无疑增加了用户的使用负担。当我和理查德互相试用对方的键盘时，我们经常在打字过程中忘记自己要说什么。另外，由于字母并不是按照我们熟悉的布局排列的（几乎所有的键盘原型都抛弃了标准QWERTY布局），因此没有一个人可以轻易上手使用。人们会在反复使用中习惯这些键盘吗？我们不知道，但可以肯定的是，这些大按键的键盘并不会立刻成功。

几星期后，我看着自大厅会议以来自己做的5个键盘原型，觉得没有一个是好用的。我放弃了它们，但我并不是要回到起点重新开始。我已经吸取了一些教训：

（1）大按键更容易敲击。理查德是正确的。

（2）在键盘上重新排布字母是不明智的想法。使用传统的QWERTY布局，人们更容易上手，不需要为了输入正确的字母而到处寻找。

（3）一个按键只能代表一个字符。要为每一个字符思考应做出哪个指尖动作实在太复杂了。

我决定基于以上原则做一个全新的键盘。我认为应该还有尚未被发现的可以减轻使用负担的改善空间。我希望做出的键盘可以减少使用者在打字时耗费的精力，让使用者只需要考虑输入的内容，而不会被触摸屏和用户交互界面困扰。

我的想法是：按照 QWERTY 键盘模式排布字母，但每一个大按键上有若干个字母按顺序排列（见图 6-3），使用者在打字时还是按照传统模式进行，无须多余的点击和滑动动作。要输入由 3 个字母组成的单词，只需要点击 3 次按键，如果要输入由 5 个字母组成的单词，则点击 5 次，以此类推。

图6-3　我的大按键键盘模型，每点击一次按键都出现一个字母，由词库来提供最佳适用单词

要输入 light（灯）这个单词，你需要点击如下按键（见图 6-4）：

图6-4　输入“light”时需要点击的按键

键盘会自动计算出你要输入的是 light，因为对上述 5 个按键中的字母进行组合，最符合用户需要的常用单词就是 light（见图 6-5）。如果按照这个思路进行下去，那么我需要一个词库。我还需要一个能利用词库判断最佳适用单词的软件。

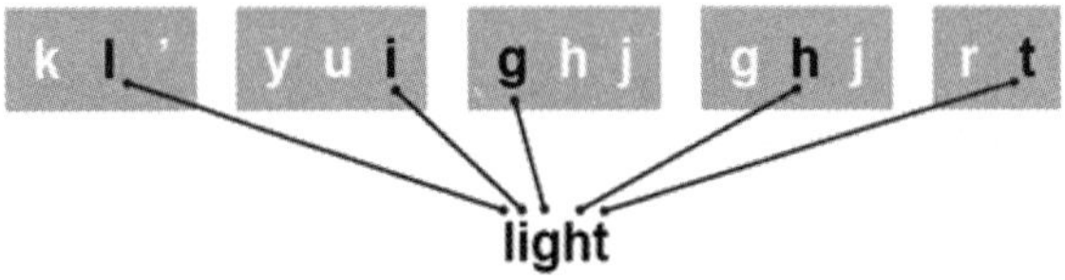

图6-5　对5个按键中的字母进行组合，得到light

唯一的难题是我并不知道如何做一个词库。不过苹果员工的优势在当时是很明显的，公司有一个庞大的项目、研究资料及资源库。我在苹果档案馆里到处寻找，不放过任何一个角落里面蒙尘已久的软件。我从多个渠道收集信息，最后自己组装了一个英文基础词库。

在接下来的一两个星期，我编写了能够实现键盘输入和词库查询功能的代码，并更新了参考词汇。我在词库代码上下了很大功夫，尽管理查德提供了一些很好的方法协助我提高词库查询的速度，但当截止日期来临时，我依然没有完全做好准备。在截止日那一天，所有人都要提交自己的键盘原型，斯科特将逐一试用，如果找到了他满意的作品，他将宣布胜利者的诞生。

我们的程序员主管金·福拉特负责组织这场重要的会议，她要求所有人都将自己的原型键盘集合在她提供的通用程序中，这样一来，斯科特无须等待每个参赛者做单独的准备，就可以直接一览到底。这个计划非常好，但是在编译词库的过程中，我没办法使代码与金提供的转换器相融合。我决定提交一个功能正常的不兼容示例程序，而不是一个兼容但不好用的示例程序。当决战之日来临时，我是唯一一个没有转换示例程序的选手。我的程序只能单独展示，当金得知后，她决定将我的示例程序放在最后一个。

这意味着我的示例程序可能无法被演示。我的机会取决于斯科特那不可预见的日程表，他的日程随时可能变更。有时，他会接到史蒂夫的电话，边打电话边走出办公室，当天再也没有返回；有时，他会推迟会议开始的时间，所以必须将很长的示例演示压缩到很短的时间内，在这种情况下，排在最后的几个示例程序可能会被砍掉；有时，如果排在前面的几个示例程序因有希望被采用而讨论很久，远超计划的时间，那么剩下的可能就没有时间被讨论了。我热切地盼望着展示我的键盘，但所有人都这么想，而且他们遵守了官方提供的示例程序要求。

当斯科特来到评审现场开始观看示例演示时，软件团队的所有人都集合在名为“之间”（Between）的 Purple 团队会议室。在整个办公大厅，还有其他两个房间:“一块儿岩石”（A Rock）和“一个艰难之地”

（A Hard Place）[1]。自亨利向全体发布通告之日起，已过去了约一个月，每个人都竭尽全力，但谁也不知道我们是否已经走出困境。

斯科特在会议室中长木桌旁就座，桌子上摆放着一个连接至 Mac 计算机的沙袋鼠原型机。斯科特拿起沙袋鼠，在转换器程序中观看每一个示例程序，相应的开发该示例程序的程序员会站出来解释如何使用。这个解释的过程非常复杂。有的同事采用了毫无价值的交互模型，比如有一个同事提出的计划是基于很少的几个超大按键，通过多次点击的方式完成文字输入；有些同事利用多点触控输入的多种搭配来输入字母、标点符号以及大写首字母。斯科特像做游戏一样品评每一个示例程序，像往常一样，他依然保持乐观和激情。他对每一份示例程序都给予了正面的鼓励——很好的图像、很棒的想法、有趣的概念，但他其实很煎熬。没有任何一个键盘能提供快速而准确的打字体验。

看着斯科特在一个又一个示例程序上点击、滑动，我站在旁边，脚底反复在地面上摩擦。我一直盯着时间。当斯科特看完转换器里的最后一个键盘后，他看向金，询问接下来的是什么。我猜她已经忘记了没放在转换器中的示例程序，她说道："就是这些了。"

"不！"

我脱口而出。这是我平素最不喜欢的大声呼叫，但此时此刻肾上腺素控制了我。斯科特转头看向我。此时，我能清晰地听到自己心脏快速跳动的声音，我赶忙告诉斯科特我有一个键盘要展示，但可能需

① Between a rock and a hard place，意为"进退维谷"。——译者注

要花一点儿时间重新配置连接在沙袋鼠上的Mac计算机。斯科特将椅子拉向后方，让我来操作，几秒钟后，我将沙袋鼠递给他。

他问我示例程序如何运作。我让他不要理会每个按键上的若干个字母，点击你想要的字母所在的按键即可，软件会自动帮你做出选择。

斯科特轻轻点了点头，把注意力转向手中的沙袋鼠，我站在他身后，看向屏幕，看到他的手指点击了5个按键——as、zxc、op、rt、rt，他要打出自己的名字。他打字很快，在检查结果时，他发现自己的名字已经正确地显示出来了。他又将其删除反复重试了几次。在5次点击后，他再一次看到了同样的结果（见图6-6）：

图6-6　5次点击之后，屏幕上出现了Scott

显然，他对这个结果很满意，接着他又点击了更多按键：

yui、as、空格、nm、yui、空格、nm、as、nm、qwe。

他在屏幕中看到了一个完整的句子（见图6-7）：

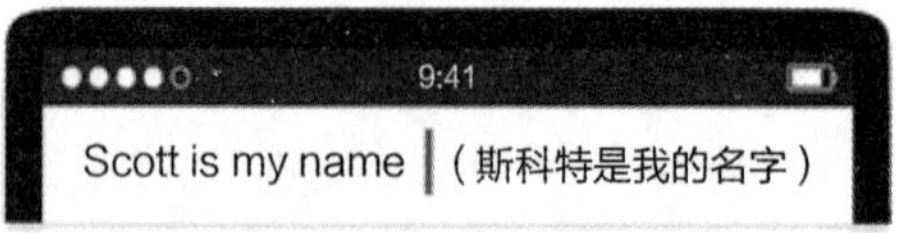

图6-7　点击更多按键后，屏幕上出现了一个完整的句子

做起来可比说出来容易多了。斯科特再次转向我说道："太神奇了！"此时会场寂静无声，接着，斯科特的问题像雨点一样落在我身上。

"为什么按键上要设置多个字母？"

"你的软件是如何确认我需要哪个字母的？"

"它是怎么理解我要表达的意思的？"

我解释道，我的软件检查了所有字母的可能组合，然后从我创建的词库中找到最佳选项。他问我如何将词库嵌入进来，如何评估不同的词语，为什么像在大按键上那样对字母进行分组，等等。一个个问题向我袭来。过去这些天里，我全身心地投入键盘的开发，想到的事情（包括故障和问题）远比其他人多。我对自己的软件了如指掌。

我的示例演示结束后，会议解散，斯科特离开了会议室。同往常一样，他没有在会议室逗留，这让其他人有机会试用我的键盘。他们认同我的作品，但显然他们并没有像斯科特那样震惊。在原型的早期阶段，这种反应很正常。

键盘会议的最终结果来得很快，就在会议结束后的一两天里。亨利宣布斯科特已经做出了决定，我们可以回到之前的工作任务上了。突发阶段就算平稳度过了。Purple 软件工程师团队现在要重启正常工作计划了，除了我。亨利说斯科特希望我成为键盘项目的负责人。这一次，斯科特甚至没有问我是否愿意"签字"。

我这才明白接下来的任务。

苹果风格

整个键盘项目的开发过程可谓一波三折——无论是大厅里宣告工作暂停，所有人一起攻克一个技术难题，还是戏剧般的示例程序大战，但所有这一切都体现了典型的苹果风格。

Purple 大厅里发生着各种各样的事情。我们彼此分享好想法，非常努力地工作。我们有一个很“硅谷”的证据——斯科特办公室旁边的角落里永远堆满了我们的比萨外卖包装盒。即便如此，仅仅一句“齐心协力，合作共赢”也不足以说明我们是如何在几星期的共同努力后达到预期结果的。

实际上，我们的合作方式才是解决问题的关键。对于 Purple 项目中的每个人来说，它可以简化成一个基本的想法：我们互相展示示例程序。iPhone 里所有的重要功能都是从示例程序开始的，一个有用的示例程序必须是具体而明确的。

我们需要具体而明确的示例程序来指导工作，因为即便是再简单的想法也很难让人们进行建设性的讨论，除非用实物来解释。举个例子：

> 在脑海中想象一只可爱的小狗。如果需要，你可以闭上眼睛。让这只小狗的形象的细节尽可能丰富。花点儿时间来想象这只可爱的小狗。
>
> 想好了吗？我也是，我做得非常好。实际上，我认为我的小

狗比你的更可爱。

想一下这个场景。两个人想象了两只可爱的小狗，我认为自己的更加可爱。我们现在该怎么办？我们会进行一场关于可爱的争论吗？如何争论？我们无从下手。我需要描述脑海中的小狗，然后试图说服你我心中的金毛寻回犬非常可爱，因为所有人都知道金毛寻回犬是所有犬种中最可爱的，因此，我脑海中想象的小狗是无与伦比的。你想要在白板上画出你想象的小狗，但很快你因为自己不过关的绘画技艺而不得不放弃并向我道歉，所以我就不得不接受你认为自己的小狗有多可爱的言论？假设你是我的主管，你会怎么办？摆出上级的架子让我必须接受吗？

这个情景是很荒谬的，没有任何办法来解决这个矛盾。如果没有具体而明确的小狗形象，我们的比较无从下手。

现在，我们可以把这个问题简单化。下面是两幅可爱小狗的图片（见图 6-8）。

那么我们就可以开始讨论这两个选项的可爱之处到底是什么。假设我喜欢左面的金毛寻回犬，你可能更喜欢可爱的斗牛犬，然后尝试用它耷拉的耳朵和笑脸来说服我斗牛犬更可爱。我可能会反击，指出寻回犬的爪子藏在浅草中实在是太可爱了。我们如果对两个选择都不满意，就可以在网上找到不计其数的其他小狗。

关键在于，具体和明确的案例能够让原本难以进行，甚至不可能进行的像“过家家”一样的讨论有了可以进行的基础。

图6-8　两幅可爱小狗的图片

在苹果，我们的工作都建立在这个简单事实的基础之上。示例程序让我们有机会互动，而互动是非常重要的。对某个示例程序的直接反馈可以为下一次改进提供动力。示例程序就是创新的催化剂，而且我们发现，无论是选择易于点击的大按键，还是选择需要软件辅助的小按键，我们开始创新的时间越早，改进和完善这些创新的时间就越多。如果有必要，我们就可以重新开始，如果可行，我们就继续前进。具体且明确的示例程序是协助我们从底部攀登概念峡谷的立足点，通过这种方式，我们可以权衡有价值的工作。制作一系列示例程序是将一个设想从无形变为有形的核心步骤。

制作示例程序是很困难的。你需要克服心中的恐惧，因为你在为一个不确定的想法投入时间和精力。在苹果，你需要将示例程序和想法呈现给目光如炬的同事们，他们从不讳言对你的批评。当你知道大多数示例程序——几乎是全部——都以失败告终时，你的心理障碍会更高。

如此高的失败率导致人们很难坐下来，集中精力认真制作一个示例程序。也许喝点儿咖啡会更轻松，尤其是在一群同事与你一起喝的时候，当所有人从公共休息室回来，在白板前集合时，整个团队的话题可能又被扯远了，大家开始闲聊。

我们在 Purple 项目里永远不会这么做。我们几乎不举行头脑风暴会议。在记忆中，在我整个苹果工作生涯里，站在白板旁边勾勒重要计划的草图的情况只发生了几次。即便这种情况真的出现，就像我在第 3 章讲述的我们为网络浏览器项目提出移植战略的时候那样，我们聊天、画出草图，然后用最短时间做出决策。如果头脑风暴的时间超过了一个小时，或者参加会议的人数较多，或者讨论的问题很普通，那这就是在浪费时间了。白板讨论看起来像在工作，但通常并非如此，因为讨论抽象的概念很难得到有效的结果。想想可爱的小狗那个假设情景吧。

Purple 团队几乎从不在没有具体而明确的示例程序的情况下讨论问题，键盘德比大战的故事已经说明了这一点。尽管在亨利告诉我们开始研究触屏软件键盘之前，我们几乎没有任何经验，但这并不妨碍我们的钻研。从大厅集会开始，我们树立了一个技术愿景，完全不确定自己是否选择了正确的方向，但我们一起朝着目标努力。其实要给我们自己确定方向真的很困难——触摸屏文本输入的蓝图当时根本不存在，但这就是创新的机会。整个领域一片空白，所以我们当中的任何一个人都可以为键盘创造全新的概念，通过制作示例程序来传达自己的想法。我们必须证明自己的观点，通过陈述来向大家展示。我们结合灵感、技艺、品位以及决断力，分享彼此的成果。我们必须用这种方式工作，因为整个团队不接受任何不具体、不明确的东西，我们必须拿示例程序来说话。我们互相试用对方的示例程序，并说出自己喜欢的部分和不喜欢的部分，提供改进的建议，这样才能收获更多经过改进的示例程序和更多反馈。Purple 大厅中的这种正向合作循环协助我创作出一个有潜力的键盘示例，这个示例是公司愿意继续支持的。

键盘德比大战中的胜出对于我而言就好像在 Purple 键盘项目里“遇见黑色石碑”。它为我接下来的工作指明了方向。说来也怪，我设计的键盘上的那些按键看起来就像来自外太空的黑色石碑平置在地面上一样。

第7章
第二次“尤里卡时刻”

格雷格向我发牢骚，就像一个纽约人在喧闹的棒球比赛中试图吸引流动汉堡摊贩的注意力一样：“啊……拜托，肯！你不能在一个按键里只放一个字母吗？”

我快速地思考了一下他的话。他希望我能将键盘变成一按键一字母的形式。我回头看向白板，计上心来。我对格雷格说：“没错，也许我可以做些什么。”

如果使用过 iPhone，你就会发现在键盘德比大战中我提交的示例程序并不是最终产品采用的方案。后来到底发生了什么？

Newton的噩梦

起初，所有人都重拾键盘德比大战前的工作任务，而大家曾一起奋斗的键盘开发项目就全部落在了我的身上。

作为新上任的直接负责人，我有一堆问题需要回答。在键盘德比大战中脱颖而出的方案足够好用吗？我有能力改进它吗？我能够开发一个永远能给出正确单词的词库吗？人们会喜欢它或者至少坚持一段时间之后再判断是否喜欢它吗？

寻找答案变成了在技术、品位和同理心之间做平衡的行动，之所以要有同理心，是因为用户需要的是高效、直观且让人喜爱的触摸屏文本输入技术。自始至终，我都在担心自己的键盘有产品杀手的潜质。事实上，在苹果历史上的确有过一个闻名于世的先例。

苹果曾在20世纪90年代推出一款名为Newton的个人掌上电脑，无论从概念上还是形态上，Newton都是具有创造性的产品，但不幸的是，这个产品却被其问题频出的手写输入软件拖了后腿。

虽然Newton也受到缺乏互联性、缺少必要的使用场景以及没有可以让消费者无法拒绝的杀手级应用的限制，但这些都不重要。Newton基于笔尖触控技术的文本输入法在速度和准确性方面给消费者带来了很糟糕的体验，使得人们一提起Newton就只能想到这一点。Newton的触控笔本可以加上鼠标和iPod的点击式触摸转盘，使之成为具有里程碑意义的计算机输入方法，但是它没有。

Purple项目中有几个人（包括格雷格·克里斯蒂）曾参与Newton的开发工作，他们都很清楚苹果的这款掌上电脑为什么会失败。我的键盘对于他们来说似乎是历史的重演。任何一个故障或缺陷的出现都会使得某个人想到Newton的悲剧，我很快就习惯了一件事——在亨利定期向斯科特汇报项目重大风险的幻灯片中，我的键盘项目总是出现在第一行。

要想在Newton跌倒的地方站起来，仅仅解决技术问题是远远不够的。这不是简单的关于编程技术的问题。我们要做的键盘与以往不同，所有人都不知道一个触摸屏上的键盘应该怎样工作。我不停地问自己：我自己认为的好的解决方案是否真的是好的。我不知道，在一块儿小小的玻璃上打字对于任何人来说都是前所未有的体验。

在我接手键盘课题的一星期内，斯科特安排了一场由菲尔·席勒进行评审的私人示例演示。菲尔是苹果的市场营销总监，是除史蒂夫外的营销第一人。他的任务是向潜在消费者解释为什么苹果是足够优秀的，是值得购买的。

斯科特没有向我透露他与菲尔之间的层级关系或者他为什么要安排这场示例演示。我猜想斯科特急于炫耀键盘德比大战的结果，这件事情应该是在高层会议上被重点讨论的话题。不管怎么说，我的工作就是将我的示例程序调试好，像键盘德比大战时那样表现顺利，因此我做了认真的准备工作。

当斯科特把菲尔带到会议室时，我已经就位。这是我第一次见到菲尔，我十分紧张。我提前几天就做好了所有准备，但我已经在用户交互方面做了一些改动（见图7-1）。见面后，斯科特向菲尔介绍了我，菲尔简单寒暄以示礼貌，我知道他想要直奔主题。

图7-1　对在键盘德比大战中获胜的键盘做了进一步修改，使之功能更齐全。Shift键和delete键变小，为return键和显示数字及标点的按键留出空间

他拿起沙袋鼠点击了几下。我没有看到他写了什么。菲尔问我为什么要在一个按键上放置几个字母。他和蔼可亲但问题问得很直接。他似乎认为这个键盘看起来很奇怪，需要有人来解释。

我试着向他解释我们的想法：大的按键更容易点击，匹配的词库可以提高准确度。

菲尔对此并不满意，他认为行不通。我很惊讶他这么快就得出了结论，这个示例演示仅进行了两分钟就结束了。

菲尔的客观意见让我清醒。很显然，他并没有我对键盘的那份感情。我为之挥洒汗水，而菲尔则是第一次看见它，他是完全中立的。他希望这个软件能说服他，但很显然，我们没有做到。这次会面非常重要，原因有两个：首先，正如我说的那样，菲尔在产品开发完成后向消费者营销的过程中有着绝对的话语权；其次，可能更重要的因素是，作为一个从未接触产品的潜在消费者，他的反应更加接近实际。我的键盘是整个产品的一部分，但菲尔感到困惑而不是确信。

几天后，斯科特和我又为 iPod 产品负责人托尼·法德尔做了一次私下的示例演示。在此之前，我从未见过托尼，但无须见面我就知道他的观点会多么先入为主。当他走到会议室的桌前时，他几乎没有看我的键盘，没有问任何问题。接着，他开始试用我的软件，但他甚至没有打出一两个字。这次演示比上一次耗时更短，不到一分钟，他和斯科特就走出去私聊，我留在会议室，将沙袋鼠、Mac 计算机以及连接线收拾起来。

连续两次示例演示都没有得到正面反馈，再加上一起参加键盘德比大战的同事对此没有表现出很高的兴奋度，我能看出我们还远没有找到正确的解决方案。我这个示例程序没能得以展示给史蒂夫。可能斯科特认为还没到时候，但他从来没有对我说过有关这两次示例演示的特别反馈，无论是好的还是坏的。

我并未觉得自己让斯科特失望。我的代码与键盘德比大战那天的完全一样，在演示中也没有出现任何故障。当我试着弄清楚这些反馈并决定下一步要做什么的时候，我回想起我在 Safari 研发过程中“邂逅黑色石碑”的那一刻。那次重大突破并不意味着完结，它仅仅预示了开始。看到我们的浏览器渲染出网页的第一行字迹时的激动，让我们理解了里程碑的意义。我决定用相同的视角观察我的“胜利之作”，我将其视为一个成功的彩排而非一次售罄门票的表演。

我开始思考如何改进。为了使自己坐在办公室里就能看清键盘目标，我按照尺寸剪下了一小块纸，大约 2 英尺宽，1.3 英尺高，比半张信用卡略小一点儿（见图 7-2）。我把小纸块钉在我办公桌旁的公告栏上。我时常盯着它看，这就是我的键盘拥有的全部屏幕空间，这就是我的触摸屏输入画布。人们需要在这么小的长方形区域“嗒嗒嗒”地打字，我必须想办法做到这一点。当我仔细研究这个小小的区域并思考我的软件时，我突然意识到，我必须重新回想导致“胜利之作”出炉的一些决策，甚至是全部决策。

图7–2　半张信用卡

“胜利之作”的难题

几个星期过去了，我做了一个又一个示例程序，为了提升打字体验，我尝试了各种各样的新想法。我在词库里增加了更多单词，还尝试着将首选词显示在空格键上，提示用户只要点击空格键就可以打出这个单词。由于理查德·威廉姆森的办公室就在我旁边，我经常把脑袋伸到他办公室的门口，把他叫到我的办公室，邀请他拿起沙袋鼠试用我的最新成果。他总会给出具体的反馈意见：词库中增加了更多词汇，很好；空格键上的单词提示，不好。

这种合作很常见。Purple 项目中的程序员和设计师无时无刻不在串门。我们经常交换关于工作的想法，所有人都被要求提出自己专业开发领域的问题。如果联系人应用的开发者对使用键盘在联系人卡片的合适位置上输入一个人的姓或名有建议或者意见，那么我就是他要提问的人。事实证明，这个输入名字的任务，成为“胜利之作”难以逾越的障碍。

想象一下，你要输入一个字母分布在很多按键上的单词。点击任何一个按键，该按键上面的每个字母都会成为可能的选择。点击 as 键意味着这个单词以“a”或“s”开头，当你点击更多的按键然后点击空格键时，输入软件会通过为每一个位置选择最优的字母，给你提供最适合的单词（见图 7-3、图 7-4）。

图7-3　点击以上5个按键

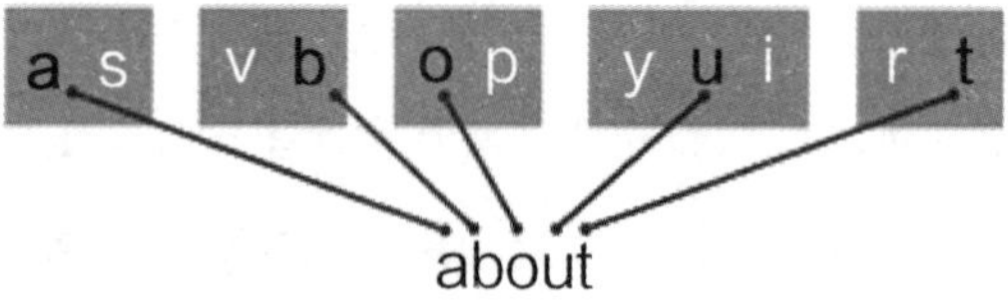

图7-4　键盘会计算出你想要输入的是about这个单词

这个计划适用于常用单词的输入，词库里每增加一个单词，输入软件都会变得更好用一些。

但输入人名就是另一个问题了。如果你有一个名叫 Teemu 的朋友怎么办？因为我从未在词库中加入芬兰男性的常用名，所以输入这个名字就是一个不可能的任务（见图 7-5）。我的键盘对于输入常用英文单词来说没有问题，但软件无法支持像 Teemu 这样不在词库中的单词的输入。

图7-5　如果你因为要输入Teemu而点击了这5个按键，很不幸，这个单词没有收录在词库中，键盘无法匹配

对于生僻词来说，结果也是如此。如果你需要输入一个自己编造的单词怎么办？这个情况要比你想象的更常见。每年的 9 月 19 日是国际海盗语言日。在这个滑稽的节日里，人们要比往常输入更多的“Arrr”但是，如何拼写这个单词呢？Arr？ Arrr？ Aarrrr？ Aarrrrr？为了让人们更方便地模仿海盗，我需要把以上所有包含 Arr 的拟声词加入词库，因为这个键盘并不是那么“聪明”。它不能做任何推断或者听声识字，它只能在内置词库中包含该单词的准确条目的情况下提示该单词。

我要怎么帮助人们输入芬兰名字或者拟声词呢？我不知道。我能够把全世界所有语言中的名字添加到词库中吗？即便可以，我能正确地区分拼写错误的单词和非常用名吗？我觉得不能。我能预想到人们可能想要输入的所有有趣的胡言乱语吗？不见得。

这些难题展示出产品开发过程中很常见的困境。喜欢科技产品的人总是希望体验最新的产品，这给我这样的产品开发者提供了不断为产品增加功能的动机。然而，我们都不希望这些产品和功能太过复杂，让我们误入歧途，把软件带进死胡同，然后把自己丢在那里。我们都曾买过那些带有太多神秘功能的设备，这些产品让消费者几乎无法理解和使用。苹果产品一直尽力避免这个问题。

久而久之，我得出一个结论：设计一个有优秀用户体验的产品，就是要在避免负面体验的同时增加正面体验。但这绝不可能达成平衡。如果可能，优秀的产品几乎在任何时候都能让用户满意而不存在负面体验。这让我感到担忧，如果这个结论是正确的，那么在国际海盗语言日，"胜利之作"可能会让所有人都觉得不开心。因为人们只能用我的键盘输入"Arrr"，不得不放弃他们想要输入的"Argh"。

在我想出输入人名或海盗用语的解决方案之前，一个更大的难题出现了。Purple 项目中的同事在键盘德比大战后的几个月里都在使用我的键盘，他们发现逐个字母输入单词的过程很令人烦恼，好像有什么东西在妨碍他们的惯常思维和打字过程，他们说他们会在输入一个单词的过程中忘了自己进行到了哪里。我没有完全理解这个问题，也不知道为什么在普通键盘上没有出现这个问题。当这种情况出现时，我们只能将未完成的单词删除，然后从第一个字母开始重新输入。当我意识到这个问题经常出现时，我停止思考关于 Teemu 和 Arrr 的问题，立刻开始调查同事们为什么会在打字过程中迷失。在研究之后，我发现了问题所在。

“胜利之作”只会按照你点击的按键数量匹配由同样数量字母构成的单词。我的词库查询软件不会预测更长的单词。从今天的视角来看，这似乎是很大的限制，但是我们在逐步弥补。我们当时还处于触摸屏输入的石器时代。我们一直在探索触摸屏键盘的工作原理，事实证明，这个“停下来—删除—重新输入”的问题就是重大发现，它意味着在一个按键上排布多个字母似乎是一个错误。

举个例子，我开始输入 aluminum（铝）这个单词，但很快就分心了——可能是因为同事邀请我一起去喝杯咖啡。假设在注意力被分散前，我已经输入了 5 个字母，当我重新集中注意力继续打字时，我必须问自己：“到哪里了？下一个字母是什么？”我看了看建议栏想要得到帮助，但窄窄的长方形格子里面显示出一个单词：slimy（似泥浆的）（见图 7-6、图 7-7）。

这毫无用处，但是 slimy 的确是这 5 个按键组合的最佳推荐词。这并不是故障。不仅如此，键盘还没有给我关于下一个字母的任何提示。我可能会接着完成 aluminum 这个单词，但是在中断的地方输入下一个字母是很困难的。

键盘问题本来就没有成形的解决方案，再加上这个新难题，“胜利之作”的问题越来越多。我将其总结如下：

- 我们无法输入类似于 Teemu 的非常用名；
- 我们无法输入类似于 Arrr 的生僻词；
- 我们在打字过程中会遇到迷失（“我现在在哪里”）的问题。

图7-6　当我点击5个按键时，“胜利之作”建议的也是5个字母的单词。我如果要输入aluminum，但在点击了5个按键后分心了，就很难接着输入后面的字母

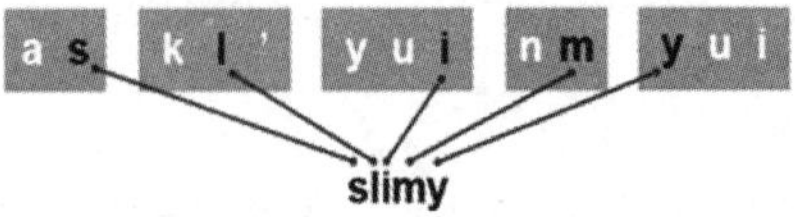

图7-7　如果不认真数一数，你能立刻写出aluminum的第六个字母吗？还是删掉重来更容易一些吧。遗憾的是，软件对这5个按键的组合给出的建议是slimy

每一天，同事们都会把键盘软件更新至最新的版本，将它下载到他们的沙袋鼠原型设备里，然后开始试用。业界对在开发过程中每天进行产品试用和产品自我评估的行为有一个通用的科技术语：吃狗粮（dogfooding，意为内部测试）。我一直不喜欢这个术语，它一点儿都没有苹果的感觉，因为宠物食品通常不被认为是产品开发的顶峰。在Purple大厅里，我们在为消费者开发优秀的产品，尽管我们有时在苹

果内部也会说“吃狗粮”，但我们使用得更多的是“living on”[①]这个更正式的短语，它描述了我们每日与正在开发的软件相伴而生的场景，就好像它是一个真正的产品一样。

与我的“胜利之作”相伴相生的过程喜忧参半。在编辑信息和邮件方面，它已经足够好用，但是它的缺点实在太明显；而我自己一直在苦苦寻找解决问题的方法。

一个按键只放一个字母

2006年年初，键盘德比大战后约3个月，我们一群人在之间会议室集合，与斯科特·福斯特尔、几个程序员及几个主管一起回顾整体进度。格雷格·克里斯蒂和HI团队的几名设计师也在场。斯科特正拿着沙袋鼠做着我们日常的内部试用工作，我们当时并没有专门讨论键盘的事情，但斯科特在输入一个中等长度的单词national时迷失了。

在点击了4个按键——nm、as、rt、yui之后，斯科特停顿下来看到提示栏里出现了Mary这个词，他有点儿不知所措，但很快他点击了下一个按键——op。但当他再次看向提示栏时，Mario出现在眼前。现在他彻底迷失了，完全不知道下一个字母应该是什么。斯科特遇到了“我现在在哪里”的问题。他对我说，要想得到正确的单词，唯一的方法就是停下来，删除，然后重新输入。其他人也加入了讨论，

①直译为“生活在……之上”，意译为“内部试用”。——译者注

当然，我已经听到了这个问题的反馈。既然刚好在一起，我们就开始集体钻研这个问题。

我走到白板前，画了几张图，向大家展示了输入 national 这个单词的过程中会出现 Mary 和 Mario 的情况，并解释了其中的原因。此外，我把生僻词和非常用名的问题也向大家做了汇报。我提到过，在输入 national 这个单词的过程中，Mary 和 Mario 是不受欢迎的干扰选项，但在输入像 Teemu 这种不常见的名字时，我们遇到的困难更大，因为字典里没有这个名字。我还向在场的同事阐述了自己的观点：我们永远不可能把全世界所有名字都放入词库，我也永远不可能把所有的胡言乱语都收录在词库里。

在阐述完以上问题后，我又回顾了“胜利之作”的 4 个基本原则：

（1）按键要大，每个按键上有若干个字母。

（2）传统的 QWERTY 按键排布方式。

（3）点击是使用者所需的全部动作。

（4）由词库提供主动支持。

我认为，在以上原则里面一定有什么东西是不完全正确的。因为我们每天都在使用基于上述原则开发的键盘，而我们在打字时总会遇到障碍。“胜利之作”在输入常用的较短词语时表现良好，但在人物姓名、生僻词及较长的单词的输入上表现得差强人意。我必须采取行动做改进，但我不知道要怎样做。

我在白板前讲了 10~15 分钟，基本上打乱了这场示例评审的节奏。这次会议并不是键盘课题的深度讨论会，但现在会议主题却变成了它。

我用手中的记号笔画出了大按键多字母键盘方案的草图，列出了更多字母组合，以及通过按键的典型组合绘制的最合理的单词生成路径图。我真的不知道还能做些什么，因此我只能将全部问题一股脑说出来。

格雷格·克里斯蒂打破了僵局。他认为自己已经不需要再看我画的图，也不想再听我的解释了。他想要重新回到刚才的节奏。对于他来说，解决问题的方案非常简单。他向我发牢骚，就像一个纽约人在喧闹的棒球比赛中试图吸引流动汉堡摊贩的注意力一样："啊……拜托，肯！你不能在一个按键里只放一个字母吗？"

格雷格立刻吸引了我的注意力，绝不仅仅是他直率的态度。由于我自己在纽约长大，我比任何同事都更理解他东海岸式的很直接的交流方式。格雷格从不粉饰他的评论，如果认为一个功能不够好，他就会直接告诉你。但是当格雷格给出有效反馈时，我总是能从中听出一丝抱怨，就好像他说内容是显而易见的一样。如果他的声音中有那种尖酸刻薄的语调，那就意味着他很自信。在格雷格开口说的话的时候，我仍然手握记号笔站在白板前，在我听来，他对自己十分自信。

我快速地思考了一下他的话。他希望我能将键盘变成一按键一字母的形式。我回头看向白板，计上心来。我对格雷格说："没错，也许我可以做些什么。"

会议结束后，我进行了更深入的思考，格雷格的提示变得清晰起来。当他在听我阐述 4 个原则（大按键多字母、QWERTY 排布、点击的动作、词库支持）时，格雷格意识到链条中最薄弱的环节是第一个原则。他将一个按键上放置多个字母这个原则废除。他认为设计方案拖累了整个进度，这是根本问题。他的建议是回到最初一个按键上只有一个字母的方案。当然，格雷格说出这个建议很容易，但我怀疑他根本不知道如何在软件中实现这一点。

但是，以我目前积累的键盘开发经验来看，我可能会有解决问题的方法。一两天后，我有了一个计划和可以支持其实现的代码。正如格雷格建议的那样，我重新采用了一个按键上只有一个字母的排布方案，只不过按键变小了。我已经在 QWERTY 布局、点击输入以及字符匹配词库方面做了几个月的工作，结合这三项技术，我可以让小按键的使用体验大幅度提升。

还有一些想法是我站在会议室的白板前时冒出来的。在概念层面，键盘课题是将键盘设计成一种人们把想要表达的内容传达给设备的方法，并对键盘进行结构化，使其理解这些内容。这对于触摸屏用户界面来说是非常重要的概念，我将在下一章中更全面地讨论这个概念——根据用户的行为理解用户表达的内容。利用格雷格提出的“一按键一字母”的建议，我抓住了一个重要想法：在用户输入文本和自动纠错代码两个方面，不一定要用同样的模式看待键盘。在“胜利之作”中，二者的模式是相同的，也就是说，我把字母分组的逻辑同时应用在用户和软件上了。比如，Q、W、E 三个字母总在一起。在受格雷格启发的布局方案里，每一个按键看起来只代表一个字母，但是自动纠错代码则认为它代表了该字母和它的相邻字母。举个例子，字母 F 不再被捆绑在 DF 按键上，对于打字者而言，键盘上有一个单独的 F 按键，但自动纠错代码认为 F，按键代表了一个字母群——FDGRTC，这个字母群不仅包括F，还包括F上方、下方、左边、右边的相邻字母。从自动纠错的角度来看，按键实际上变得更大了，而从用户的角度来看，字母其实变小了。

抛弃了菲尔·席勒不看好的设计方案，我做出了看起来更像标准QWERTY布局的键盘（见图7-8）。

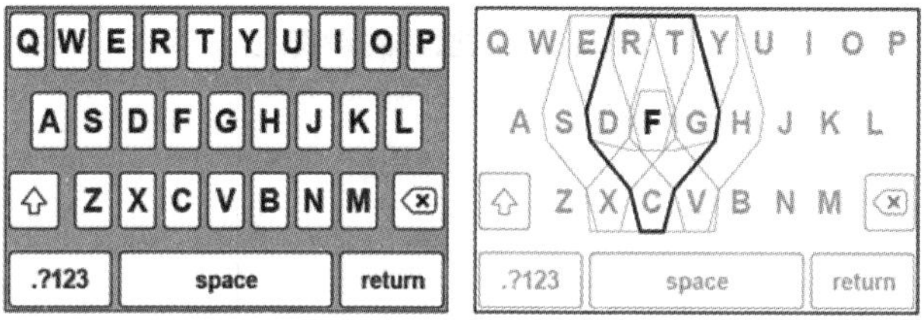

图7-8　更像标准键盘布局的键盘方案

注：对于打字者而言，相对于“胜利之作”，所有的按键尺寸都变小了，如左图所示。自动纠错软件却将F视作一个更大的按键，如右图所示，D、G、R、T、C都可能使自动纠错系统选择F，反过来，按下F也意味着软件可能从其他几个字母中进行选择。所有按键在自动纠错系统眼里都变大了，F周围的字母可以被视作不同按键的重叠。最终将由自动纠错代码来决定到底哪个“大”按键是你真正需要的。

这是我在键盘开发过程中的另一个里程碑，它解决了一直困扰我的难题。“一按键一字母”解决了输入名字和生僻词的难题。由于能够点击任意独立的字母，你可以输入任何你想要的单词。虽然需要格外小心，但你可以降低打字速度，在字母弹出[①]时多加注意。如果你注

① 我想不起来是谁为触摸屏打字提出了弹出字母的想法，但当亲眼见到这个功能实现时，我们都认为它意义非凡。在开发这个功能的过程中，我得到了巴斯·奥尔丁的很多帮助。他的巧妙设计总是让事情变得更加顺利。

意弹出的字母并点击了正确按键，你可以输入任何东西，即便是不在词库中的单词。更棒的是，“一按键一字母”的键盘排布方式解决了“我现在在哪里”的难题（见图 7-9）。由于屏幕中总是显示你实际点击的按键组合，你随时能知道你的打字进度，在输入 aluminum 时分心，也不会再得到 slimy 的结果了。

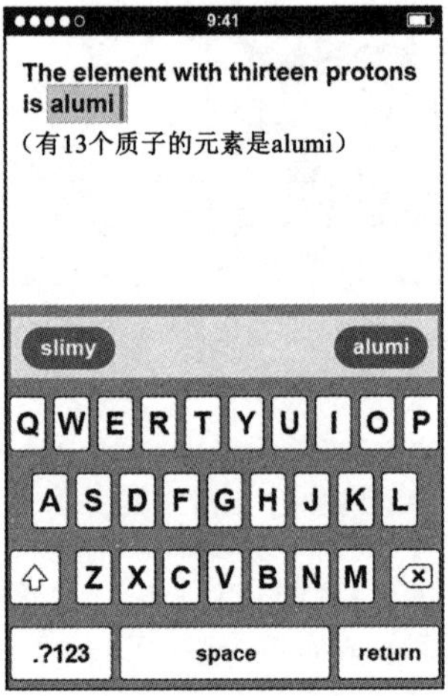

图7-9　新的单一字符QWERTY设计方案为“我现在在哪里”的问题提供了解决方案

单一字符 QWERTY 键盘的确更好，格雷格·克里斯蒂是正确的。在完成这项改动后，我再也没有遇到束手无策的情形。现在你可以输入每个人的名字了，可以像海盗一样打字了，不会在输入单词的过程中迷失了。

自动纠错功能

即便如此，在解决了这个长期困扰的问题之后，我还是发现了新问题——关于 QWERTY 键盘和空格键的诡异行为。从开始研究如何提供词库主动支持功能开始，我就确定用户界面和技术设计的目的是协助人们输入独立单词。空格键是很重要的触发器。

在“胜利之作”中，当你点击空格键时，软件会选择对应的最佳单词。由于每个按键都代表了若干字母，软件无法确定你需要的到底是哪一个。软件和词库只有在你按下空格键后才会帮你选择单词。

当我从这个受格雷格启发的自动选词功能切换出来时，我点击单一字符 QWERTY 键盘的空格键，文本栏中会显示我当前输入的单词——由输入时在界面上弹出的那些字母组成的单词。提示栏中仍然显示词库建议，我将当前最匹配的单词放在最左侧，你想要输入的单词可能在右侧。但是，要获得词库的建议，需要点击提示栏的单词气泡文本框而不是空格键。你必须在输入一个单词后暂停，看一下刚刚弹出的单词是不是你要的单词，如果是，就点击空格键，如果不是，就点击软件提示的文本框单词气泡，切换到软件提示模式。在交互模型中的变化看起来是正确的，就像我把主动权全部交给了打字者一样。如果你想输入“Arrr”，可以，简单而直接。这就是“一按键一字符”的全部设想。点击空格键，你会看到与你点击的按键完全一致的内容。

由于 Purple 开发团队中的所有人每天都在使用我的新键盘，我很快就得到了许多明确的反馈意见。提升打字速度实在太难了。按键太小，点击按键的准确度太低，输入文本时对提示栏的依赖性太高。这些提示栏中的文本框似乎是提速的障碍。

同以往一样，我每天都跟理查德·威廉姆森讨论与键盘相关的问题，我们开始商量如何消除这些制约打字速度的因素。首先，我们都认为词库提示功能与之前相比有了大幅度改善。常用的打字模式是：输入一个单词，点击左侧的提示栏气泡，输入一个单词，点击左侧的提示栏气泡。一次又一次。我们认为，也许应该重新采用原来的方式，即点击空格键，让软件做出选择。如果当你点击了空格键后，软件自动选择了首选词，这看起来更像“胜利之作”使用的方式，怎么办？这意味着你可能需要点击提示栏里的其他选项，获取你想要输入的词。我和理查德讨论了这个问题，我们认为这也许没什么不可以，这种情形只会在输入生僻词的时候出现。我们还担心，在点击空格键后，系统给出的首选词可能与你实际输入的按键组合不一致。这会成为一个问题吗？我们虽然还不清楚，但认为这可能是提高打字速度的一个方法。理查德建议我试一下，出于好玩儿，我同意了。

他离开我的办公室，我开始写代码，差不多过了半小时，我做了一个新的 QWERTY 键盘示例程序，这个版本的键盘在用户点击空格键后会自动选择首选词。

我把理查德重新叫回我的办公室。他从桌上拿起沙袋鼠，确认妨碍打字速度的因素是否已经被消除。他低下头来，在触摸屏上快速点击，用他最快的速度来打字。他不停地打字，一直没有暂停或者停下来查找单词。他信任这个软件。完成当前的长句子后，他输入了一个句号，然后开始查看刚刚输入的整段文字（见图 7-10）。

这段文字与理查德想要输入的一字不差。理查德简直不敢相信自己的眼睛，再次盯着屏幕逐字检查，确保他看到的确实是完全正确的文本。他给我看了屏幕上显示的文字，我们俩互相看着对方然后哈哈大笑。我们简直不敢相信这个词库系统做得这么完美。理查德刚才的输入速度比任何人都要快。

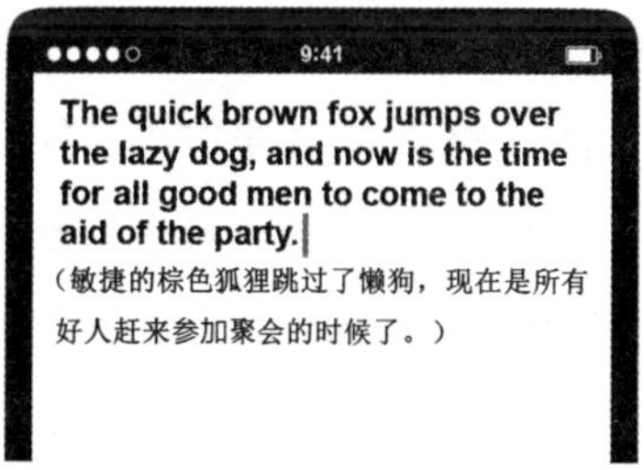

图7-10　理查德输入的长句子

等等……我们突然有点儿犹豫。这是真的吗？理查德刚才点击的按键是非常准确的吗？

不是。在沙袋鼠连接的 Mac 计算机上有一个日志文件，日志显示理查德键入的字母按键非常不准确，就像一个酒鬼做的酒驾测试一样混乱：

Tge quixk brpwm foz jimprd ivrr rhe kazy……

不过没关系。即便理查德真实点击的按键几乎全都不对，输入系统也能识别和修正所有错误。低质量的按键输入却产生了完美的文本，这与人们设想的数据“怎么进来，怎么出去”的工作方式完全相反。我们再次低头看了看键盘，又抬头面对面凝视对方。我们真的不敢相信。触摸屏键盘自动纠错功能在那一刻真正诞生了，理查德和我一起站在办公室里，傻笑得像孩子一样。

QWERTY键盘与品位

邂逅黑色石碑的时刻是我在苹果经历的仅有的两个尤里卡时刻之一，而这次是另外一个。我在这些年里做了无数示例程序，但这个令我傻笑的程序无疑是最好的那个。理查德的反应、愉悦的笑声、我们在发现新大陆那个时刻的傻笑、即时自动纠错系统的进步，可能是我们朝着正确方向迈出的一大步。一个简单的决定让这款键盘变成如今的模样。

几个月后，在宣告即将推出智能手机之后但正式交付产品之前，我们软件团队的人已经开始将原型机作为我们日常使用的手机了。一天，另一位直接向亨利汇报的 Purple 项目软件主管尼汀·加纳特拉到我这里闲聊。他与理查德在一个小组，负责 SpringBoard 和邮件等应用的开发。尼汀路过我的办公室，问了我一些不重要的日常工作问题，他走进来时正嚼着巧克力棒。我们一开始随便聊了几句，接着，话题转换到文本输入上。他从兜里拿出手机，左手握着原型机，打开我设计的最新版本的键盘——“傻笑示例”的最新版本，开始打字。他一直没有放下右手拿着的巧克力棒，用左手拇指和右手中指打字，已经打开的零食包装袋随着打字动作而沙沙作响。接着，他意识到屏幕正对着我，我可以看到他完美的打字过程。我忘记了他到底写了什么，但我始终记着他赞许的点头。

当我们在苹果开发任何软件产品时，编程和设计细节永远是我们最关心的事情。我们总是在快速地完成一个产品之后立刻开始做下一个。但这次尼汀的到访则有些不同。他拿着巧克力棒打字的情景让我不禁停下来畅想，也许这个键盘有一天会润物细无声地潜入人们的日常生活，也许人们在使用这个小键盘的时候不需要停下正在做的事情。

这会成为现实吗？即时自动纠错能做到这一点吗？我设计的键盘终于沿着正确的路线前进了吗？

QWERTY 布局的键盘是正确的选择吗？你可能知道 QWERTY 是标准键盘中首行字母的一部分，在智能手机上采用这个布局也并非我们最初的决定。正如我在书中描述的，我们在整个项目的晚期阶段才考虑使用 QWERTY 布局。最初我们曾考虑很多其他选项。但最终，我们又回到了人们最熟悉的键盘设计方案。

有一个关于 QWERTY 键盘的传说比其他任何一个传说都深入人心：设计 QWERTY 键盘布局的初衷是降低打字员的打字速度。事实确实是这样的，但结果却与初衷背道而驰。19 世纪，技术水平有限，当时的机械打字机很容易在特定的按键组合上出现卡键的问题，人们最迫切的需求是开发出一套避免卡键问题的系统。因为修复卡键太耗费时间了，这样一来，即便是速度最快的打字员也无法发挥其自身价值，因此 QWERTY 布局的键盘在打字效率和修复卡键耗时之间取得了完美平衡。QWERTY 布局的键盘实际上让人们的打字速度变得更快了。

Purple 键盘是软件，所以我们不会受到任何机械特性的限制，也不会受到形状或触觉因素的制约。我们可以选择任何想要的布局形式，甚至可能因此错过重塑触摸屏输入键盘布局的黄金机会。我们本可以在触摸屏上彻底抛弃 QWERTY 布局，然而，这是在假设 QWERTY 布局不好。但事实并非如此，原因就在于品位和同理心如何与制作软件键盘这样的技术相结合。

在本书的前言部分，我将同理心定义为尝试从其他人的视角观察世界，创造适应他们的生活、满足他们的需求的优秀产品。同理心是创造伟大产品的重要因素。“胜利之作”就是一个失败案例，人们对这个试着提供支持功能的软件感到不适应。在我们意识到系统辅助功能的很多问题之前，视觉上第一印象的问题就早已存在。正如菲尔在我第一次向他做示例演示时表现的那样，人们对这个键盘的样子感到陌生，喜欢不起来。键盘的外观向使用者传递了产品的属性信息。在苹果，我们在产品的最初开发阶段和持续开发阶段都尽可能保持同理心，但我们也知道自己不可能在设计和开发阶段尝试所有事情。我们需要将产品外观和功能的可能性限制在一定范围内，要做到这一点，则离不开我们的设计和技术品位。

这就引出了下一个问题：什么是好的品位？我有自己的观点，很快就会与大家分享，但我同样知道自己并不是第一个思考这个问题的人。德国哲学家伊曼努尔·康德详细地解读过品位，但他的著作《判断力批判》并不完全适用于产品设计。如果我的一个同事质疑在 Purple 键盘上使用 QWERTY 布局的品位，那么引用这个伟大哲学家的话——对于品位的判断本身并不假定所有人都同意（只能通过逻辑上的普遍判断来实现，因为它可以举出理由）；它只是把这一协定归于每一个人，作为它所期望的规则的一个例子，不是概念上的确认，而是其他人的同意——可没多少用处。

我不是说康德不值得研究，他当然值得。但当我们制造产品和做出决定时，需要的并非哲学论述。这就像一个木匠停下手中的工作，在决定用哪个锤子敲钉子之前思考材料科学、量子理论以及宇宙起源等问题一样滑稽。这不是明智的工作方式。作为一个有创造力的科技行业从业者，我不可能在进行每一个任务时都让自己的想法无限倒退。保持进展，分清轻重缓急是非常重要的。这并不意味着产品设计要忽略哲学。相反，在工作中，我很清楚自己不是哲学家，而更像一个木匠。作为产品制造者，我更关注实际应用而不是理论。

我对品位有自己的定义，虽然它不像康德的理论那么深奥，但它就像木匠的锤子一样，是很有用的工具。在我看来，品位就是运用精妙的判断力，寻找能使和谐愉悦的整体得以形成的平衡点。

定义中的每一个重点词都值得讨论一番。我将按照顺序，用“同理心”的角度来观察每一个重点，用 QWERTY 键盘作为主要案例进行解读。

首先要讨论的是运用判断力。我们都知道，当我们第一次看到一件事物时，都会下意识地产生喜欢或不喜欢的反应。我喜欢熟透了的草莓，这句话当然满足“品位”的其中一层定义，除了“甜”这一味觉体验，我说不出其他的喜好。当你在选择搭配谷物早餐的水果时，缺乏具体的想法并不是什么大问题，但在创造性工作中却是一个大问题。如果未经深入判断就随意做决策，那么整个创造性工作都会变得毫无目的性。最终的结果可能就是不成体系的决策集合。

我们要运用判断力来避免潜藏在直觉反馈里的陷阱，利用本能和大脑的深度思考去积极评估、树立信心，进而形成自己的观点。能够找出明确的喜欢或不喜欢某种事物或想法的原因并非易事，但一个健康和富有成效的创造性过程需要这样的反思。

建立对个人直觉反馈的信任需要时间和实践，也需要一把标尺去衡量。研究过去的伟大作品为我们提供了比较和对比的方法，让我们可以挖掘前人留下的创意宝藏。历史是一个永恒而持久的源泉。这里需要再次把康德请回来，历史提示我们康德的哲学可能会应用在创造性工作中。我可以借鉴康德的思想，但前提是我足够了解他，理解他言语之间的含义以及他的言论对我的意义。这对于所有的创造性成就都适用，无论是弗里达·卡罗的绘画、牧师加里·戴维斯的蓝调、查尔斯·达尔文的进化论、老子的哲学、高德纳的软件优化概念，还是参观德尔斐神谕的古希腊访客的信仰和习俗。当我研究历史的成就时，我能够做出关于我喜欢什么的决定，有时这种拼凑起来的关于过去的经验，会自然而然地体现在当下的工作中。

这与 QWERTY 有什么关系？这种键盘也是我们文化遗产的一部分，尽管它不像康德关于“品位”的思考那样深奥。最重要的是，QWERTY 的经久不衰意味着人们很熟悉它。想一下我与理查德合作的“傻笑示例”，由于他知道 QWERTY 键盘上所有字母的位置，所以他可以来到我的办公室，拿起沙袋鼠就立刻输入他想要的文本。QWERTY 已经嵌入了理查德的肌肉记忆。他本能地知道如何打字，脑海中的键盘图指引他很好地由十指敲打标准键盘切换成用拇指点击触摸屏键盘。从我这个产品经理的角度来看，基于我们拥有的共同文化，我已经不可能提供比这更好的使用体验了。从他作为用户的角度来看，没有其他的按键布局可以让他立刻上手使用。

以上事实形成了一个将易用性和同理心连在一起的链条。从理查德对 QWERTY 键盘近乎自动上手的反应开始，它很快变成了理查德的一个愉快而有效率的文本输入体验。我们两个人都开怀大笑，这说明产品是成功的。直觉反馈不意味着它是死板的或需要自命不凡的鉴赏力，但它应该足够详细且合理。在使用“傻笑示例”后，理查德和我喜爱这个版本的理由显而易见，我们可以将自己的想法与感受很清晰地描述出来。尼汀拿着巧克力棒打字那件事情也是如此。

说完直觉反馈之后，我们来讨论品位的另一方面：寻找平衡。触摸屏键盘开发过程就是一个关于寻求均衡、权衡利弊的故事。我们最终放弃了“胜利之作”，选择了一按键一字母的 QWERTY 布局方式，但在此之前，“胜利之作”键盘是针对字母按键过小问题的解决方案。在每个按键上放置多个字母实际上是放弃了人们熟悉的键盘样式以及工作方式。最初，我们以为自己喜欢这个选择，但通过其他人口中的使用反馈（比如格雷格·克里斯蒂的“啊……拜托，肯！”），我们很明显地感受到多字母按键的设计方案是非常失败的。格雷格认为大按键带来的便利远远少于它们造成的麻烦。格雷格感受到了这一点，在思考后对大家说这个“胜利之作”是不讨喜、不平衡的，这直接导致了单一字母按键和更传统的QWERTY布局的回归。

这个案例展示了寻找平衡的过程是如何与品位的其他两个方面联系在一起的。一方面，直觉反馈通常是在设计的早期阶段或者示例程序的某个特殊时刻做出的决定，一般而言，主观性比较强，比如“我喜欢这个动画，因为它能恰如其分地吸引用户的注意力”，或者“我不喜欢这个配色方案，因为不同元素之间的对比度不够明显”，或者“我喜欢多字母按键设计，因为它们更容易点击”。另一方面，一旦这些独立的决定被嵌入大型系统，它们便不再独立——小决定必须服从更大的计划。设计者的责任扩展至平衡很多独立的直觉反馈和品位平衡的其他方面，试图创造一个和谐愉悦的整体。

在讨论品位的第三个方面之前，我想先插一段关于美的讨论，这是我在整个品位概念中从未提及的特点。我没有谈论美并非失误。把软件和产品的外观设计得很漂亮，使其在视觉上有吸引力，是远远不够的，因为这样无法形成对用户的长期吸引力。史蒂夫·乔布斯曾说过：“设计关乎产品如何运作。”事实上，这是我从他口中听到过的我最喜欢的言论，这句话出自2003年他在《纽约时报》关于iPod的采访时的言论：

> 大多数人会犯一个错误，认为设计就是产品看起来的样子。设计师也进入了一个框架，认为外观漂亮就可以了。这不是我们的设计理念。设计不仅仅关乎外表和给人的感觉。设计关乎产品如何运作。

他的信息清晰明了，我十分赞同。把产品变美这件事情本身并不会更好地为用户服务。产品设计要有深度，要让美根植于产品的功能，而不仅仅浮于表面。形式应让位于功能，尽管对于屏幕上的像素点来说，形式与功能可能是个奇怪的概念，但如果你认为产品的外观应该告诉你它是什么以及如何使用它，那么这个概念就不奇怪。任何事物都应不言自明。

要直接讲清楚这件事情基本是不可能的，因此我会用类比的方式来阐述。费曼（著名的科学家、诺贝尔奖得主、杰出的自由思想家）在介绍他为期两年的物理学基础入门课中的“运动中的原子”时，阐述了自己对原子重要性的看法：

> 如果大难当前，所有的科学知识都要被毁灭，并且只能留给未来的生物一句话，什么样的陈述可以用最少的词语包含最多的信息呢？我认为是原子假说：世间万物都由原子构成……短短几个字，你只需发挥一点儿想象力，就会发现它包含着整个世界如此庞大的信息。

同样，既往的经验告诉我，实用发明和产品制造的背后都隐藏着很基础的概念，如果我必须选择一个费曼式的句子给未来的人们传达信息，那就是：设计关乎产品如何运作（见图 7-11）。

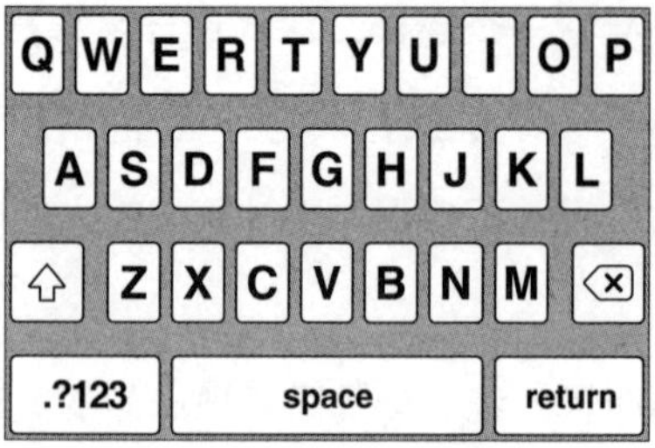

图7–11　QWERTY布局不言自明。它很明确地传达了“这是一个键盘”的信息，但这个设计能帮助人们更好地使用产品吗?

作为一个产品开发组织，我们将这句话视为信条，所以我们的关注点始终聚焦在创造好用的设计上，并反过来让设计强化我们的直觉反馈，我们试图寻找平衡的途径，努力追求协调和愉悦的整体。这样一来，整个设计循环将会把个人想法从品位当中剥离。它给了品位一个目的、一个摒弃了自我放纵的理念、一个富有同理心的结局。

那么，QWERTY 键盘是一个协调且令人愉悦的整体吗？它实现平衡并受到大众喜爱了吗？它的设计帮助人们更好地使用产品了吗？时间给了我答案。有着自动纠错功能的 QWERTY 键盘没有使 iPhone 成为一个像 Newton 一样失败的产品。相反，用两个拇指在触摸屏上打字，现在已经成为人们的习惯和移动设备的标配了。

但是，受欢迎并不等于卓越。一个更合理的解释是，人们可以下意识地在智能手机上使用 QWERTY 键盘。键盘可以消失，可以撤回，这样一来，它就能给人们真正关心的内容留出足够的空间。品位和同理心以完美比例结合，就是开发直观、易用的产品的秘诀。

我最喜欢的事情之一就是看着飞机落地滑行到停机位，结束一段飞行旅程。当空乘人员通过广播宣布乘客可以打开手机时，大多数人接下来会做什么？他们打开一个通信应用软件，然后给伙伴、朋友或者爱人发一条信息。他们说“刚落地”或“落地，待会儿见”。这些不计其数的琐碎但充满温情的人类行为是通过技术来实现的，一定程度上是 QWERTY 键盘的功劳。

请原谅我的跳跃性思维。现在该回到做出即时自动纠错功能那个决定的时刻了。与理查德共同完成的“傻笑示例”让我们看到了改进触摸屏文字输入的希望，但这一丝希望毕竟与成形产品不是一回事。在 Purple 触摸屏键盘这类项目的开发过程中，成果的出现往往是没有规律可言的。与理查德共同完成的“傻笑示例”带来的喜悦被很多令人沮丧的经历抵消了。当我把工作重点转向即时自动纠错功能的开发后，键盘项目又步入了一个状况频发的阶段，在这个略显尴尬的阶段，我开启了一轮对触摸屏键盘和 Newton 手写识别功能的比较。其实，从很多方面来看，这样的比较是非常滑稽的。

第8章 收敛阶段

“收敛”是用来特指苹果产品开发最后阶段的术语。进入收敛阶段意味着我们已经对即将成形的软件的运作方式有了清楚的了解；还意味着最困难的阶段已经过去——我们已经在很大程度上成功地将概念变成产品了。

“收敛”是用来特指苹果产品开发最后阶段的术语，在所有功能被确定下来后，程序员们和设计团队会花三四个月的时间来修正错误、调试系统性能并打磨产品细节。进入收敛阶段意味着我们已经对即将成形的软件的运作方式有了清楚的了解；还意味着最困难的阶段已经过去——我们已经在很大程度上成功地将概念变成产品了。

我的键盘项目现在仍没有到达收敛阶段。收敛工作就像朝着一个明确的目的地稳步前进，围绕着即时自动纠错功能的探索更像在一个没有任何出口指示牌的高速公路上开车。我们距离 Purple 收敛阶段还有 9 个月的时间，我忙于调试键盘布局、改良自动纠错算法、更新词库、给软件提速，不断经历进展和挫折，把从上一个示例程序中获得的反馈立刻应用于下一个示例程序。我一直坚持向前推进项目，但从来都不完全确定自己是否走在正确的道路上。

又出错了

紧接着，在一次示例演示中，一个来自即时自动纠错的突然袭击让我差点儿跌落悬崖。

在理查德第一次体验到即时自动纠错的强大能力的几天之后，我参加了亨利·拉米雷斯在其办公室为斯科特·福斯特尔举行的软件试用会。我设置好自己的示例程序，将沙袋鼠连接至 Mac 计算机，放置在亨利旁边靠墙的桌子上。斯科特走进来，坐下，拿起沙袋鼠，打了几个字。我站在他后面，看向他正在输入的文字。打字体验让他眼前一亮，目前为止，一切都很顺利。我利用这个机会向斯科特讲解即时自动纠错功能。我告诉他 Purple 将如何通过这个功能为用户提供绝佳的打字体验，解决“胜利之作”面临的诸多问题，为我们一扫 Newton 之前在文字输入上的耻辱。

斯科特一边听我讲话，一边拿起我用作对比和参考的 Newton，他决定做一点儿有趣的事情。

他抓起沙袋鼠开始笑着打字，当他抬头查看我的键盘代码完成得怎么样时，他的微笑变成了大笑。我赶忙看向屏幕（见图 8-1），一点儿都不觉得有意思。

我对 Newton 非常了解，知道斯科特本想输入的词语是什么。他想输入 egg freckles（蛋雀斑），屏幕上显示的却是 eff grackles（糟糕的白头翁）。我的键盘搞砸了。

图8-1　斯科特输入的句子

斯科特认为这很滑稽，但他很快就严肃起来。他说我的软件看起来有希望，但他需要确认我能够将它调试得更可靠。他问我是否能够保存有用的自动纠错词汇，自动排除那些导致 Newton 手写识别彻底失败的荒谬的词汇。

我不确定，而且把我的想法如实相告。我的信心已经被这场不期而至的示例演示动摇了，除了自己对即时自动纠错功能的信心以外，我无法确定地说出键盘代码出错的频率。我建议从今天这个特例出现的原因开始调查，沮丧地离开了亨利的办公室。我似乎总是会在向斯科特展示工作成果时掉链子。

我很快就发现了问题所在。斯科特无法打出 egg freckles，是因为两个词库错误同时出现了。第一个错误出在我分配给词库中每个单词的元数据上，这是一种我称之为“使用频率分值”的东西，用来测量某单词在通用文本中被使用的频率。要想让即时自动纠错功能有效行使，代码必须能够帮助人们输入英文中所有最常用的单词：the、and、have、from、will 等等。软件需要知道哪些单词是更常用的，比如，人们更可能输入 good 而不是 goof。因此，good 比 goof 有更高的使用频率分值。在所有单词中，the 的分值最高，因为它是英文里最常用的单词。

作为词库编辑，我需要将每一个单词都编入“使用频率分值图谱”，给常用词赋予更高的分值。此外，对像 egg 这类日常用词也需要赋予较高的分值。的确，斯科特本应该得到 egg，而他没有得到的原因是 egg 的使用频率分值被搞错了，它的分值甚至低于鲜少使用的 eff。这是词库数据的简单故障，找到这个错误的分值就算完成了调查。我叹了口气，一边修正 egg 的分值，一边小声嘟囔了几次 eff。

那 freckles 没有出现是什么原因？原来词库里根本就没有“freckles”这个词。我无法解释。键盘识别了 freckles，但无法在词库中找到匹配的单词，我的代码认为 freckles 并不是一个英文单词。因此，自动纠错代码将其转换成了一个词库中的单词——grackle（白头翁，一种常见的北美洲鸟类）。

从 eff grackles 这个例子中，我们得到了什么深刻教训？当时，我还不确定。失败的示例程序可以修复和改进，但是这次小意外让包括我在内的所有人都暂停下来。尽管看起来很有希望，但是我们还是怀疑把键盘自动纠错功能作为交付给用户的产品是否足够可靠，以及所有这些小改动是否足以支撑其成为更优秀的产品。

这就是问题所在。我的自动纠错软件必须善于在二者之间做选择：根据你输入的结果转换成你最有可能想要的单词——你想要的；或者保留你真正敲击的字母，然后让你在弹出的文本框中进行选择——你输入的。每当你在单词末尾敲下空格键时，键盘需要在你想要的和你输入的两者之间做出选择。我必须调教自动纠错功能，使之做出最优选择。同时，我还要避免那些可能让用户不再信任软件的奇怪结果出现，因为这可能导致他们怀疑自己在触摸屏键盘上输入文本的能力，最终拒绝购买我们的智能手机——就像发生在Newton身上的那样。

在思考键盘的选择时，我还有两个问题尚待解决：第一个问题是提高词库的质量——我需要更好的数据支持；第二个问题是充分利用所有的输入和语言信息——我需要更好的算法。我将数据和算法分离，把它们当作独立的任务来思考，希望二者各自的进展最终能融为一体，使得键盘能够准确地匹配用户想要输入的单词，避免出现滑稽的错误。

自动纠错词库

eff grackles的出现强调了高质量数据的重要性。我的算法没有问题，错误出在词库身上。为了修正这个错误，我必须为egg之类的日常用词匹配正确的使用频率分值，并且我还要仔细调整拼写相似的单词的使用频率分值，尤其是在QWERTY键盘上字母彼此接近的单词，比如tune和time。由于类似freckles这种消失在词库里的词会导致荒唐的错误，我重新检查了词库，看看它是否覆盖了最常用的几千个英文单词。

由于Purple项目大厅里的所有人都无时无刻不在使用我们的软件，因此我们对于自动纠错词库有很多意外发现。我们发现自己需要增加一个关于仇恨性色彩词语的完整词库并加以标识，以避免软件将这些词语作为自动纠错功能提供的首选。假设你想输入 nugget，但把第一个元音字母和最后一个辅音字母输错了。我们不想提供 nigger（黑鬼）这一具有种族歧视色彩的词语作为“辅助选项”，也永远不会为诋毁性或贬低性的词语提供辅助支持。

Purple 项目的同事还会向我提供他们认为词库里缺失的单词。一段时间后，我决定增加很多不同的数据库：运动队名称和体育场馆名称、城市名称、产品名称、聊天俚语、缩写词等等。自动纠错词库不仅仅是一个学术语言词库，更是一本当代生活实录。我的同事想在特定的时间、特定的交谈背景，以及在观看球赛和与朋友进行特定的调侃时，输入最匹配当前情景的语句（见图 8-2）。

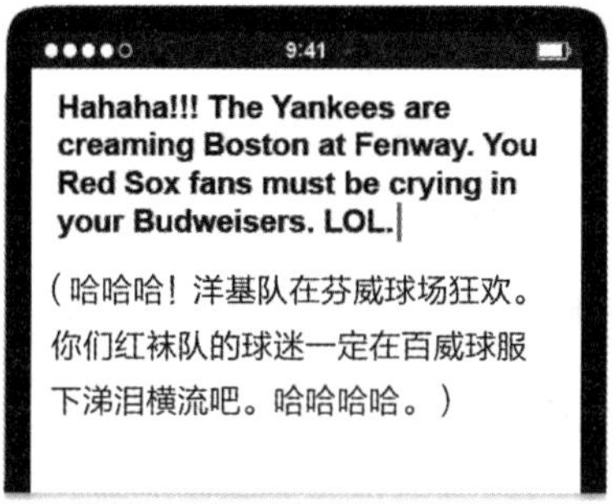

图8-2 观看球赛时和朋友的调侃

构建自动纠错词库是一个在理论上很容易理解的任务，但实际情况却远比想象中难很多。在过去的工作经历中，我的确没有构建过如此庞大的数据集，但是这个概念却没有什么神秘感。好的词库都是一个词一个词积累起来的。与之类似的经历就是在 Safari 项目上，我们一个又一个地做交叉引用。在与编译器为伴的漫漫长夜里，编译器反复报告关于缺少交叉引用的错误提示，与之类似，构建词库最难的地方是它的规模过于庞大。但是通往终点的道路是直的，我们只需要调整使用频率分值、增加词语，并一直坚持下去，就可以了。

图像倾斜算法

改进自动纠错的算法则不一样。在键盘德比大战开始时，我对如何开发协助用户输入文字的算法一无所知。即便到了确定一按键一字母的 QWERTY 键盘布局时，我们的自动纠错代码仍然十分简单，它的工作原理与自行车密码锁类似。

如果你本想输入单词 cold（寒冷的），却输入了 colf，那么你可以想一下第四个滚轮是怎样旋转到你想要的那个字母的。这是自动纠错的一个基本原理，根据打字者点击的按键，结合点击点周围的字母，寻找最合适的字母组合。字母 D 在 QWERTY 键盘上与 F 相邻，因此代码可以将 colf 自动纠正为 cold（见图 8-3）。

这种算法设置了一种机制，每当你点击键盘上的任意字母，系统都会自动将该字母周围的字母全部纳入组合范围，接着代码会快速浏览全部可能的字母组合，寻找合适的单词。当然，大多数按键组合都会产生多个备选单词，此时就需要用使用频率分值来判定究竟哪个单词应作为首选。算法的工作过程是：

- 将被点击的字母与其邻近字母放在同一个滚轮中。

图8-3 自动纠错代码是如何将colf纠正为cold的

- 旋转滚轮检查每一个字母组合。
- 标记通过旋转滚轮找到的所有在词库中出现的单词。
- 将使用频率分值最高的单词作为建议词显示出来。

一开始，我是为了“胜利之作”开发这套算法的，它在最初的多字母按键方案中运行得很好。在Purple团队里所有人都是触摸屏输入法的新手时，这套方案提供了很好的问题解决方法。几个月后，当一按键一字母的QWERTY键盘取代“胜利之作”时，每个人都开始犯错误，因为每个字母按键都太小了，单一的滚轮自动纠错方式不能满足人们的需求。如果在常用单词中仅有一个字母出现错误，就像colf

和 cold 那样，那么系统很容易进行纠正。但如果你输入的是 vild（卑鄙的），那么系统很难判断你想要输入的单词到底是 cold、bold（大胆的）还是 vile。我对如何解决这个问题还没有思路。所以我也没办法改进现有代码。我决定寻求帮助。

寻求帮助这件事情也是一个困难任务。我在公司内部找到了一些构建词库和创建文本输入算法的人员名单，但问题在于这些人无法接触 Purple 项目，我也无法向他们透露一丝一毫关于智能手机的秘密。当时，史蒂夫·乔布斯仍然是决定谁可以被允许签署 Purple 保密协议的人，没有任何官方流程可以请求向其他人披露相关信息。好也罢，坏也罢，Purple 项目就是这样运作的。因此，我陷入了很奇怪的境地，可以寻求其他人的帮助，但不能向被求助者透露任何关于我为什么要问这个问题，以及得到答案后要如何应用的信息。

不过，这个问题竟然没有像我预料中的那样成为阻碍。我咨询的苹果文本专家似乎并不在意我语焉不详的保密要求。他们向我介绍了很多概念，比如马尔可夫链、条件随机域、贝叶斯推理以及动态程序设计等。

最终，这些技术方面的帮助只是更多地激发了我的灵感，没有直接为我提供算法。实话实说，他们讲述的数学问题我实在听不懂。我并不是一个受过正规训练的工程师——实际上，我在大学从来没有上过一堂数学课。如果有人告诉我你应该在高中毕业后继续修数学课，因为不知道哪一天就可以派上用场，那么我想此时就是我需要数学的时刻。这已经超出了我的能力范围。

但我并不是走投无路。当理查德·威廉姆森加入苹果协助我们确定网络浏览器项目的技术方向时，他向我们展示了一种处理问题的思路：搁置我们过去无法解决的难题，优先处理有能力处理的问题，可能会开辟一条技术路径。因此，我也决定这么做。

我开始想象一幅一按键一字母的标准 QWERTY 键盘的画面，我猜测每一种可能点击了错误按键的方式。

如果我想点击 G 但不小心点了它左面的 F，那么键盘会认为我更想输入 G 或者 F 而不是 H。换句话说，如果我按错了位置，我想要按的按键最有可能是距离实际上被点击的按键最近的那个按键，而不是更远的那些（见图 8-4）。我将这一思路构建到算法中。

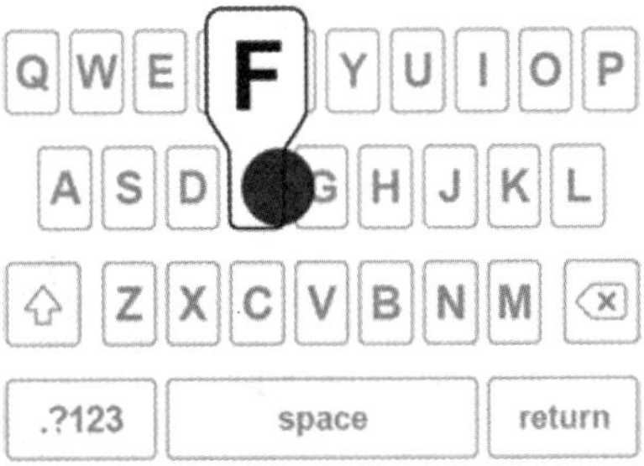

图8-4　被点击的是F键，从它的位置判断，如果输入者想输入的不是F，那么他最有可能想输入的是字母G

我还意识到给实际出现在屏幕文本框上的字母赋予更高的权重分值是有必要的。在键盘德比大战期间，当你的指尖触摸按键时，屏幕上出现的按键图像就是键盘告诉你它自己看到的你所点击的样子。这正是连接用户和软件的反馈方式。弹在屏幕上的字母弹窗在设备和输入者之间创建了一个对话，弹窗扮演了反馈支持的角色，就像我们日常交谈时点头称是或者发出“嗯嗯”声以表示附和之意。不断弹出的弹窗让用户知道键盘一直在追随你，它始终在倾听。

每一个触摸信息也是值得追踪的，因此我开发了一套为每一次点击都计分的系统，但是没过多久我就发现这种计分方式并没有比使用频率分值产生更好的结果。我是怎么知道的呢？因为我以软件为生，在给 Purple 项目上的同事做示例程序演示时，他们会为我提供反馈。但是在自动纠错算法上额外增加一个计分系统看起来在概念上领先一步。

接着我又尝试了一个基于全部单词的整体评分路径。与把每一次触摸都当成独立事件来评分的方式不同，我把一次完整点击组合在一起。我把输入一个单词需要点击的按键组合连起来，形成一幅图画、一个几何图形、一个按键星座图（见图 8–5）。

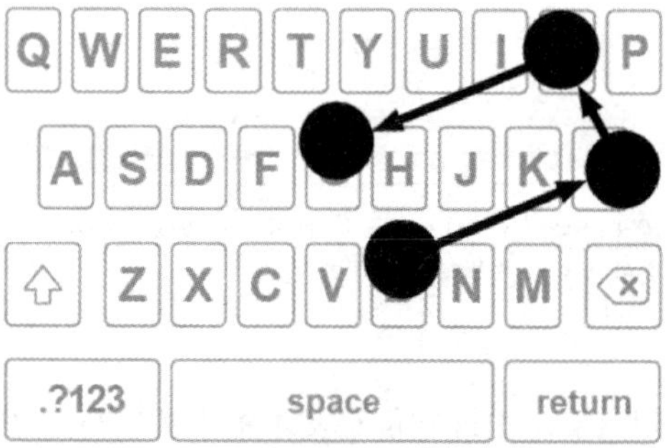

图8–5　为输入blog单词进行的4次点击组成了一幅按键星座图，在字母上方形成了由触摸痕迹组成的图形

为了充分利用这个概念，我设想了一个“超人”，他用手中的沙袋鼠准确地输入所有单词。在我的想象中，这样一位理想化的打字员能将词库中的所有单词完全准确地打出来，没有任何错误，所有点击都恰好落在按键的中心位置。最终呈现的星座图将由每一个落在按键中心的小圆点组成。

在我的脑海中，自动纠错成为一个根据用户的点击而构建图形，并据此在词典中搜索最匹配的图形的过程。换句话说，任何输入行为都会生成一个键盘星座图，它不可避免地包含非中心点击点以及一些错误按键，算法的任务就变成了为这个图形匹配与之最接近的完美图形。与该图形对应的词库里的单词就是用户想要输入的单词，但这只是理论上的情况。

为了测试这个方案是否可行，我必须找到对比这些键盘图形的方法。但和以前一样，当我粗略翻了翻数学课本之后，我发现我完全搞不明白数据拟合、图像匹配这些我需要用到的技术，也理解不了这些公式和解释。我再一次碰壁，我必须得找到解决问题的简单路径。

我需要移动星座图中所有的点，使其完全匹配词库中的标准图像，并测量移动量。对每一个图像，我都将移动量加起来，最接近的匹配结果就是移动量最少的那个。幸运的是，计算这些移动量是小学生就可以做的工作。这就像是在一张遍布网格的城市地图上计算两个地址之间有多少街道，这种测量方式也被称作曼哈顿距离（见图 8-6）。

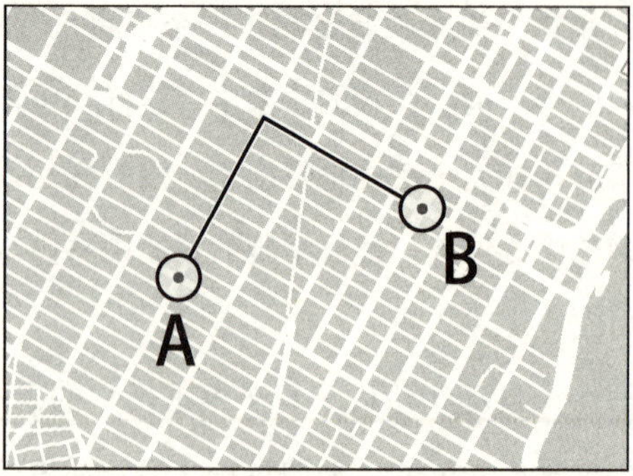

图8-6　在这幅地图上，从A点走到B点需经过11个东西向街区（移动量为11）和4个南北向道路（移动量为4）。一共需要15个移动量

这就是移动量的含义，即把一个打字者点击按键的点移动到词库中与其匹配的单词的标准模型的位置所需要的几何斜率（见图 8-7、图 8-8、图 8-9、图 8-10）。移动量越大，斜率越大，匹配度越低。我将这种对比方式命名为图像倾斜算法。

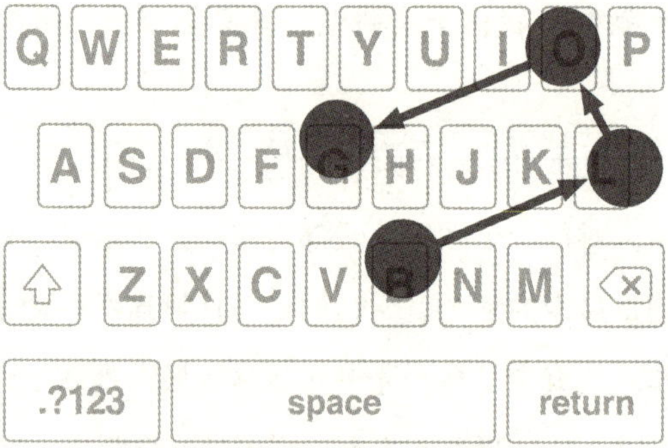

图8-7　使用者试图输入单词blog

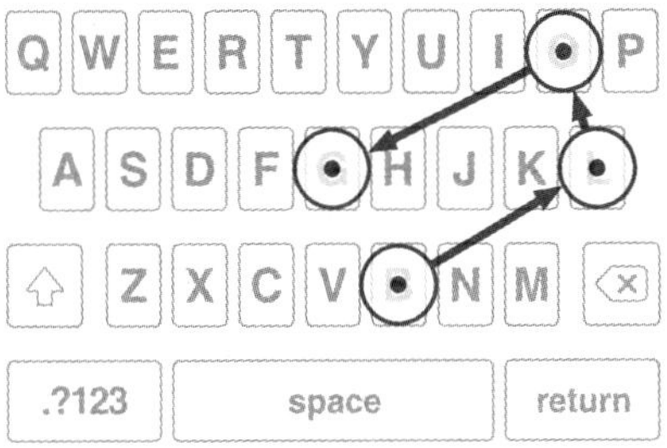

图8-8　词库中blog单词的完美图像，每一个点击点都刚好在按键的中心位置

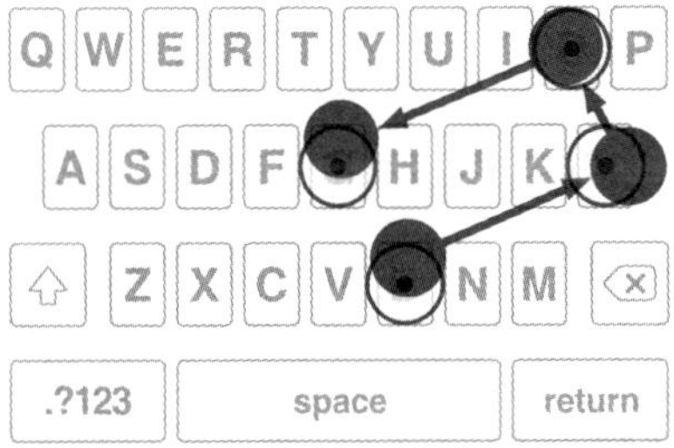

图8-9　当两者重叠时，可以看到移动量存在但足够小，文字输入图像与完美图像很接近，匹配得非常好

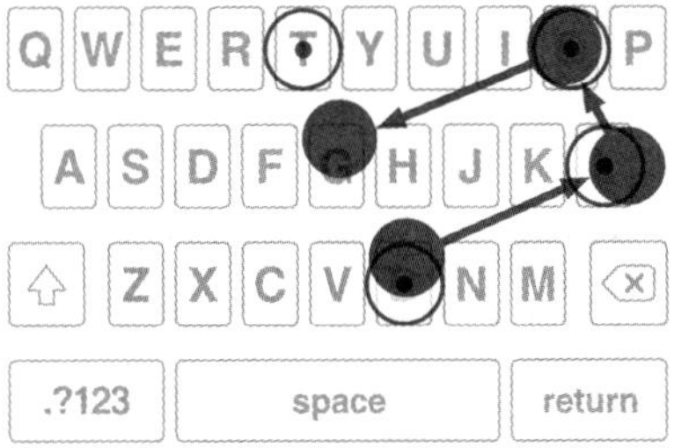

图8-10　你可以看到blot单词的完美图像的前三个点与blog完全相同，但最后一个点的移动量非常大。文字输入图像与blot的完美图像不能很好地匹配，因此我认为打字者的本意是输入blog而非blot

当用户在键盘上输入文字时，图像倾斜算法开始在自动纠错代码中运行，构建图形，计算移动量，然后对比词库中的单词。图像倾斜算法会输出与打字者输入路径最接近的词库图像的清单，每个词库图像都代表一个单词，这个算法会给出它认为的打字者希望输入的单词。通过在图像倾斜算法中加入使用频率分值，自动纠错算法的工作流程变化如下：

- 将被点击的字母与其邻近字母放在同一个滚轮中。
- 旋转滚轮，检查每一个字母组合。
- 标记通过旋转滚轮找到的所有在词库中出现的单词。
- 为每一个标记出来的单词计算图像倾斜度。
- 将每一个被标记的单词的使用频率分值乘以其图像倾斜度的倒数。
- 在所有被标记的单词中，选择上一步中计算结果最大的单词，作为建议词。

这就是最终的自动纠错算法。做出这个“最终”的宣告听起来像是向前迈出了一大步，但要说明的是，在苹果，尤其是在 Purple 项目上，你总是会发现有更多的事情要做。从同事们口中得到的反馈是乐观的——图像倾斜算法使得准确输入变得更加容易。即便如此，我还是额外花了几个月时间调试和优化移动量的计算方式，以提升打字体验。

随着图像倾斜算法的改进，其他与文本输入相关的任务很快上升到日程表的顶端。到处都是用得到键盘的地方，比如联系人应用里面的单行文本区域、笔记等应用里面的多行文本区域等等。我把 WebKit

文字处理项目作为基础，为所有的用户界面工具写代码。词库升级工作从来都没有停下来，我坚持更新，为词库增加了苹果新产品的名字，比如 Xserver，以及可以自动插入符号的智能工具，它可以将 cant 自动转变成 can't。

我继续改良键盘，随着时间的流逝，滑稽的输入错误越来越少。所有人都开始对即时自动纠错系统持乐观态度。作为一个重要功能，键盘项目开始进入收敛阶段。我的作品与产品交付更近了一步。

在压力下倒计时

当我全身心投入键盘项目时，Purple 团队中的其他人也在经历他们自己的开发和成就阶段。很多痛苦和挣扎是不为我所知的，既因为我的精力都被自己遇到的困难牵扯，也因为史蒂夫对分工保密的严格要求。我对手机硬件的开发、工业设计流程的细节和其中的过程几乎一无所知。

我对软件还算略有了解，一直与同事们不停地试用各自开发的产品，我向他们提供反馈意见，正如他们在试用键盘后也会向我提供反馈意见一样。

比如，在 Purple 网络浏览器——移动端 Safari 上，当用户想要将视图最大化，使其适应整个屏幕时，网页内容通常会看起来很小，用户几乎无法点击上面的链接。所以理查德·威廉姆森和其他同事想到了一个方法，用户点击屏幕时，系统会自动放大触摸点周围的内容以便找到链接，距离触摸点最近的链接被视为用户想要点击的链接。

我们需要反复对软件进行大量的调试和改进，以保证触摸屏操作系统的直观性和易用性。

在做系统调试工作时，我们会感到压力很大吗？当然会。我在合理而有规律的工作时间处理这些事。如果不是很疲惫，这种压力还是可以承受的，至少大多数时候是这样的。但有一天，在与一位同事讨论问题出现分歧时，我发了脾气，当时我们讨论的主题是在代码不稳定的状态下如何解决与键盘相关的技术问题。我朝他吼叫："你赶紧从我的办公室里滚出去！"

还有一次，类似的事情发生在金·福拉特身上，她肩负软件交付和持续评估项目进度风险的重压。一天晚上，她十分沮丧，猛地将自己办公室的门关上，门把手都被撞坏了，这导致她被锁在办公室里。她为什么会如此沮丧？准确的答案就是：Purple 项目上日复一日的琐碎工作。一些无关紧要的小事就能让她怒火冲天。斯科特·福斯特尔用铝制棒球棒猛烈敲打门把手才把锁打开，把金救了出来。

这样的情况无论对我、金和其他人来说都是不常见的。通常，在项目上获得的进展会让我们承受的压力保持在可控水平，因为绝大多数时候我们都会想出解决问题的方案。

时间飞逝，2006 年秋天，Purple 软件项目整体上进入了收敛阶段，距离产品交付的那一刻越来越近。

初见iPhone

很快就要到节日季了。一天，我正在办公室工作，Purple 大厅里的所有人都被紧急召集起来参加一个临时群体会议。会议是金召集的，这一次的会议可不是让我们把手上的工作停下来全力以赴地进行另一场解决难题的技术比赛。

此时，她要亲自进行一场示例演示。我径直向前走，经过亨利的办公室，来到了一个公共区域，这个区域就在金的办公室外面，其中放置了很多舒服的椅子和沙发。当我来到现场时，一些人已经聚集起来了，我们围绕着金，等待她发话。

她手持一个 Purple 手机。这是一部经过工业设计的真正手机，没有受到任何限制，没有用连接线连接到 Mac 电脑上，上面有真实的玻璃屏幕，而不是沙袋鼠的那种塑料显示屏。我们从来没有见过这样的手机，这部手机也绝不仅仅是一个模型。它是一部真正可以使用的手机。电源已经开启，手机里面加载了我们开发的全部软件。金将这个晚期阶段的原型机递给大家传阅，她告诉我们原型机里面还有一两个硬件部件没有完全定型，这一两个部件要比最终版本的厚一点儿，现在的部件还没有办法完全匹配样机左下角的设计尺寸，因此会有一个大约两三毫米的小空隙。Purple 手机硬件目前处于收敛过程，但还没有全部完成。

当金把原型机递给我时，她嘱咐我小心一点儿。我从她手中接过原型机，玻璃显示屏实在太引人注目了——比我们盯了一年多的沙袋鼠的屏幕更清晰。我来回摩挲，它是如此坚实，浑身充满最新科技的味道。当时，它可能有点儿过于富有科技感了。

我拿着这部样机来回踱步，去感受不需要连接 Mac 电脑的自由感。使用沙袋鼠的时候就像置身于由各种线缆组成的蜘蛛网里一样，而如今，我第一次把手机自由地放进口袋里，终于感受到使用 Purple 手机是怎样的体验了。

当然，我最感兴趣的还是键盘。我在 Note 应用里打出了几个单词。键盘运行流畅。我的自动纠错代码介入，修正了全部错误。我本想花一整天的时间体验这台设备，尝试所有我能想到的事情，但其他人还在等着呢！把样机递出以后，我没有提出任何问题。

看到这部令人眼前一亮的样机，我们很清楚我们正在对这部可以交付的苹果智能手机进行收敛工作。我们已经接近完工了，但是由于硬件部分还存在不匹配的配件，还不能交付。在未来几星期内，我们必须完成硬件上的工作。

产品发布日期早已确定，在过去的一年里我们一直按照既定目标推进工作。产品发布计划的进度与产品收敛进度保持同步。苹果将在 2007 年 1 月初举行的 Macworld 大会上公开 Purple，并在接下来的 6 月正式交付第一批手机。

这意味着在人们正式使用键盘之前，我还有时间排除更多的故障并在词库中增加更多的单词。直到最后一刻，Purple 的保密级别都没有被降低，当我在发布日当天走进莫斯康展览中心时，我依然不知道

Purple 的名字是什么。2007 年 1 月 10 日——那场盛大的产品发布会的第二天，我在自动纠错词库中添加了一个新单词：iPhone。

最后的排查

在苹果工作的任何阶段都是充满压力的，尽管我们并不会经常用棒球棒把门砸开或者用脏话来结束讨论，但一旦进入收敛阶段，我们就开始承受两股相反力量带来的产品开发压力：一股力量是在给定的交付日期面前不断流逝的时间；另一股力量则是不断涌现的需要处理的软件故障报告。

我们使用一个名为“雷达”的程序来排查故障，这个由内部开发的灵活的故障追踪器就像一把用于收敛的瑞士军刀。雷达的主要任务是报告软件缺陷并追踪修正情况，但雷达条目在开发中也可以扮演其他角色：工程师的任务清单、设计师的扩展请求、项目经理的附加了多个次级功能的最高级别功能、一个高管的高优先级事务。

进入交付日期前几个月的收敛阶段后，雷达成为我们注意力的中心。我们的主管开始密切关注雷达显示的数据，这一数据应该稳步下降，最终降到零。在收敛阶段，亨利每天早上向 Purple 软件团队全体人员发送一张图表，这张图表上横坐标轴上的数据是日期，纵坐标轴上的数据是故障数量，产品发布日就在横坐标轴的最右端。随着时间的推移，每天的故障数量构成了一条弯弯曲曲的线：故障多的时候曲线上升，故障少的时候曲线下滑。我们能够很好地理解这条收敛线，感受整个项目的进展。我们学会了理解收敛行为，比如在大型示例程序完成后，曲线会向上飙升，但不用担心，很多示例程序故障会很快被修复；如果在连续几天内曲线很平缓，那么我们可能遇到大问题了，因为排除故障的速度跟不上故障出现的速度，这意味着收敛进度停滞。

唐·梅尔顿经常提到在网景公司发生的关于收敛的故事。他的老东家在准备 Navigator 网络浏览器的交付版本时，设定的目标并非零缺陷。网景的工程团队主管知道没有一个复杂软件可以做到零缺陷。因此，他们只是为了零缺陷而努力。有趣的是，无论故障数据库的查询和收敛图表向他们展示了何种信息，他们都在交付当天声称产品已“完工”，因为他们的目标并非达到理想中的毫无故障的状态。

故障排查和发布日期之间的关系产生了一个问题。如果在 iPhone 确定发布日期之前的最后几个月里，收敛是全体人员的工作重心，那么收敛方法本身是否能保证 iPhone 如此优秀呢？

不。收敛并不神奇。它只是一个日常的开发行为。网景的工程师也做故障收敛。直到他们将绝大部分员工开除之前，唐和我在 Eazel 项目的最后时期也在做同样的工作。所有专业软件开发人员都要做收敛工作。因此，将故障数量收敛至零并非制造优秀产品的必要条件。

iPhone 的吸引力并非来自众多早期规划的功能的堆砌、故障的排除、收敛和修复。排除故障可能会使产品体验更好，但它并非成就卓越产品的秘诀。

创意选择的魔杖

关于苹果产品如此出众的原因，随后我将分享自己的看法。但首先，我要讨论一个反例，即绝对不会使得类似 iPhone 这样的优秀产品出现的例子。我们把目光转向道格拉斯·鲍曼，他曾在推特（Twitter）和《连线》杂志担任设计师。他在 2006 年时就已经在谷歌工作，成为早期的视觉设计主管之一。（鲍曼进入谷歌的时间与我们进入 Purple 大厅进行 iPhone 开发的时间差不多。）以下是他三年后谈论自己决定离开这家网络搜索公司时做出的评论：

> 我周围几乎没有人真正理解设计的原则和元素，一个公司最终居然无法为关于设计的决定找到合理依据……如果没有信念，怀疑就会四处滋生，直觉就会丧失作用……当一个公司全部都是工程师时，工程学主导了一切问题的解决过程。将每个决定简化为逻辑问题，不考虑任何主观判断，仅看数据。数据对你有利？好的，实施吧。数据显示出负面作用？那么回到绘图板上继续工作。最后，数据变成了做任何决定都需要倚仗的拐棍……
>
> 没错，谷歌团队甚至没有办法在两种蓝色中做出决定，他们测试了两种蓝色之间的 41 种蓝色来判断到底哪一个表现得更好。

41 种蓝色听起来很多，但如果谷歌愿意这样做，为什么不测试 100 种或者 1 000 种？如果数据如此重要，那更多的数据岂不是更好？但正如鲍曼所说，事实并非如此。

在这类通常被高科技产业称为 A/B 测试的测试类别中，选择已经被列出。在谷歌“选择一种蓝色”的实验里，最终的结果就是在 41 种蓝色中选择一种。尽管 A/B 测试可能是找到最适合的蓝色的方法，但在最好和最坏的选择之间，动态范围并不大。更重要的是，在一种选择上花费如此多的成本进行多次尝试，会导致开发团队没有时间和精力去提出人们可能喜欢的第二种、第三种，甚至第十种设计方案。A/B 测试可能在找到人们更乐于点击的颜色上更有用，但它并不能帮助开发团队创造和谐愉悦的整体产品。缺乏直觉反馈，没有意识到需要在不同选择之间做平衡。谷歌彻底将品位从设计过程中抛弃了。

在苹果，我们从不会这样做。我们从未在 iPhone 的任何软件上使用 A/B 测试方法。当需要选择一种颜色时，我们根据自己的品位来挑选，因为我们足够清楚软件如何满足颜色感知有视觉障碍的用户。然后，我们就进行下一项工作。

又或者，我真的这样做了吗？我们对细节类的问题通常会很快做决定，但很愿意重新审视之前的决定。我们在大问题上会花费更多时间，但从来不会拖沓。我们始终坚持稳中求进。我从之前 Safari 开发经历中学到了这一课，当唐和我足足 6 个星期毫无进展时，理查德用他两天做好的示例程序把我们拉出泥潭。向着既定目标坚持前进是苹果软件开发的关键。从某种意义上来说，收敛阶段贯穿整个项目开发周期，即便我们自己可能没有意识到这一点。不管怎么说，我们始终都有一个明确的目的地。我们不停地收敛，向下一个示例程序进发。

我在第 6 章描述的具体且明确的示例程序就是创造性决策的催化剂。它们强迫我们判断什么是好的，什么是需要变化和改进的，什么是需要删除的。我们自然而然地在示例程序上进行收敛，接收反馈，并进行讨论，以便改进下一个示例程序。

下一个示例程序永远不会来得太晚，通常它很快就会出现。比如，给理查德展示的那个“傻笑示例”，我只花了几分钟就编辑好了它的即时自动纠错功能的代码。我们无时无刻不在进行软件的更新，不断尝试最新的想法，验证最新的假设。总的来说，示例、反馈、更新的循环创造了一个变异和选择的过程，随着时间的推移，这个过程逐步塑造了我们的产品。

这是一个达尔文式的进化过程，不出意外，查尔斯·达尔文本人非常确信代际累积的微小增量中蕴藏的巨大潜力和能量。在《物种起源》的第 1 章，在他介绍当时看起来很激进的自然选择观点时，他先用了很长的篇幅论述了人工选择，这个论述建立在 19 世纪的读者所熟知的畜牧业的基础上。

> 但是，当我们比较驾车马和赛跑马，单峰骆驼和双峰骆驼，适于耕地和适于山地牧场的、毛的用途各异的不同种类的绵羊时；当我们比较以各种用途为人类服务的许多狗的品种时……我想，我们必须在变异性之外，做更进一步的观察。我们无法想象一切品种都是突然产生的，而它们一旦产生就像今日我们所看到的那样完善和有用；的确，在许多情况下，我们知道它们的历史并不是这样的。其中的关键在于人类的积累选择能力；自然给予了连

续的变异，人类在对他们自己有用的特定方向上积累了这些变异。从这种意义上讲，可以说人类为自己制造了有用的品种……选择是魔术师的魔杖，用这只魔杖，人类可以随心所欲地塑造任何类型和模式的生物。

在 Purple 大厅里，我们尽我们所能地挥舞着一根相似的魔杖来塑造我们的产品，使之产生变异，保留优势，去除劣势，并基于这些选择制作下一个示例程序。借助达尔文式的示例方法论，我们拥有了远超人工育种以及推动自然选择的极其缓慢的基因改良积累的速度。从事软件行业的工作意味着我们可以前进得更快。我们可以随时随地改动，事实也的确如此。我们创造了比之前的版本更具体和明确的新示例程序。我们布置起好莱坞式的外景场地，为这些示例程序提供内容，并协助我们暂时打消对那些通常不存在，但正在开发的功能或应用赖以存在的系统的不信任感。我们互相提供反馈，不仅反馈第一印象，而且反馈日常使用中的一些想法的可能性和执行能力。然后，我们继续努力，做好下一个示例程序。我给这个连续不断的循环取了一个名字：创意选择。

正如我在其他地方提到的，我们对自己习惯做的事情并没有给出明确的定义。我们总是把关注点放在下一个示例程序、下一个评审会议、下一次要给史蒂夫展示进度的日程上。我们这种互动工作方法就好像空气一样自然地弥漫在身边，它是一种我们总能在某种程度上意识到其存在的东西，一种没有必要去怀疑的东西。我们将这种方法视为理所当然的，但它实际上富有深意。

有无数种方式可以让创意选择陷入困境，因为我们必须一直坚持这种工作方法并需要很长时间才能开始产生收益。因此，我们的成功不仅在于我们做了什么，还在于我们没有做什么。最重要的是，我们没有落入任何典型的硅谷产品开发流程的窠臼，我相信很多其他的创意组织和企业会经常落入常规的陷阱。

比如，我们从来不会花两个小时喝咖啡或者在没有具体示例程序的情况下召开非现场会议讨论问题——我们不会开长时间会议，只会讨论谁想象的小狗更可爱。

我们不会连续数周围绕打印出来的文件或者一直不变的纸质模型进行讨论，等待突然出现的灵感带领我们从早期的概念阶段直接进入成形的产品设计阶段，期待我们无视托马斯·爱迪生所说的灵感和汗水的比例的那一刻，所谓两者的比例其实是萌生想法花费的时间和将想法变成现实花费的时间。在这个层面上，我体会颇深，在苹果工作期间，我再也没有做过像我曾在第2章中提及的，花了整整一星期时间做50步“构建蜥蜴”文件之类的事情了。

我们不会因为受到其他因素的影响和干涉而失衡，在很多公司，一个高级主管可能会在没有相关权限的前提下试图模仿史蒂夫·乔布斯的角色下命令，而我们没有这种困扰。由脱离业务一线的高层经理做决定看起来是很多公司的通病，人们给这个特殊群体取了一个名字——海鸥经理。这个词很形象地展现了一个居高临下的高管，他偶尔会突然从天而降，停在你的海滩上，声音聒噪，扑腾着翅膀来回逡巡，然后飞上天空盘旋，在所有人的头上排几滴粪便，又悠然飞走，留下一地狼藉，等待团队处理，而团队成员还得搞清楚这一切究竟是怎么回事，以及如何应对他下一次不可避免的造访。

苹果内部并没有大型的独立软件开发部门，设计师和工程师被共同的目标凝聚在一起，共同负责创造和交付真实产品。史蒂夫·乔布斯在 1997 年重新掌控苹果后不久便解散了一个类似的研发组织——高级技术部。

与之相反，以下模式会阻止创意选择的正常进行，因为它们无法进行积极变化的稳步积累，当然反例绝不仅仅包括我列出的这些情况。你可能不经试用就设计和发布产品，就像我们在 Eazel 开发 Nautilus 和在线服务时犯下的错误一样；你可能会召开示例演示会议，却经常在未做出下一步计划的时候就匆匆结束，而这是一个破坏示例正向迭代循环产品开发链的重大错误；你还可能针对某个本来由一两个人就能胜任的工作组建了一个庞大的团队，导致团队内部沟通效率低下，无法充分发挥每个人的能力；你可能设置了很多相互矛盾的授权条线，最终无法做出被广泛认可的决策；你可能为了美观、时尚或某种抽象概念而设计产品，却独独忘了好的设计关乎产品如何运作；你可能会采用谷歌选颜色时用的 A/B 测试法进行简单选择。

而我们成功地避开了以上所有陷阱。如果一定要解释原因，我会认为是明确的目标让我们保持在正确的轨道上，正如隆巴迪要求赢得比赛，史蒂夫·乔布斯要求我们开发速度优先的浏览器那样。由于我们创造伟大产品的目标从未动摇——不仅仅因为史蒂夫这样要求，也许集中全部精力在必须要做的事情上，会让我们免于做那些不必要做的事情。

无论我们怎样开启一项工作，由于创意选择的存在，它都会进入自我强化的循环。我们不断地取得成绩，并在此基础上推动整个进程。我们借鉴了达尔文的观点，对他提出的概念做了一些改变，以符合我们的产品开发目标。

我们总是从很小的问题出发，带着一点点灵感，开始做初步的示例程序，通过不断反馈而将其完善。我们听取同事们有见地的建议，融入多种变化，锻炼自己的眼力。我们在最初的演示的基础上进行了一次又一次示例程序演示，通过稳步而持续的收敛工作逐步改善工作成果。接连不断的创意选择循环，一步一步地推动我们将最初萌生的想法变成可交付的产品。

如果借用达尔文的观点来阐述创意选择的概念，那么我认为，创意选择是被我们在不断发生变化的决定过程中创造出的选择压力驱动的，这种压力的存在促使我们通过示例程序的反复迭代推动发展进程。从项目立项的最初阶段开始，苹果凭借自身的独特判断力就知道应该做出怎样的选择，对哪些想法值得我们投入、探索做出正确判断。这种重要的判断力是使得创意选择过程得以开展的前提，在下一章，我会从这个方面更详细地介绍苹果产品的开发过程。

第 9 章

革命性产品：iPhone

当史蒂夫在 2007 年的 Macworld 上的演讲进行到第 41 分钟时，他开始正式向大家介绍 iPhone。他点击鼠标，屏幕上出现了一个遮住太阳的苹果品牌标志，接着他说：“我从两年半前就在期盼着这一天的到来。在这个世界上每隔一段时间就会诞生一款改变一切的革命性产品。”

当史蒂夫在2007年的Macworld上的演讲进行到第41分钟时，他开始正式向大家介绍iPhone。他点击鼠标，屏幕上出现了一个遮住太阳的苹果品牌标志，接着他说："我从两年半前就在期盼着这一天的到来。在这个世界上每隔一段时间就会诞生一款改变一切的革命性产品。"[①]

发布会当天，我坐在现场的观众席上，尽管我很期待产品发布的那一刻，但我对史蒂夫的声明感到无所适从。他当时对iPhone的推出做出了明确的承诺，但我对此只抱有希望而并不确信。

---

① 在广告和海报上，iPhone和iPad的锁屏界面显示的是9:41这个时间，原因就是苹果总会在发布会演讲的第41分钟开始介绍最重磅的产品。（请注意，线上的演讲视频删除了有版权的音乐、电视节目以及电影，所以时间被缩短了。）预留时间的目的是使新产品图片的推出时间与真实发布的时间完全一致，或者至少非常接近，iPhone也是如此。自此后，9:41成了一个传统。苹果手表（Apple Watch）的发布时间采用10:09则出于另一种完全不同的原因：设计师认为手表，尤其是虚拟表盘在手腕上呈现出最完美形态的时间就是10:09。试试看是不是这样吧。

融合理念

在此前一年半的时间里，我一直把Purple当作一个样机而非产品，通常只关注它运行不佳的部分。我们不停地开发功能，排除故障，接着进行下一步改进，做新的示例程序。在开发产品的过程中，保持广阔的视角是非常困难的，因为你要针对每一个独立的示例程序进行反馈收集和回复，然后在此基础上增加新功能，日积月累，循环往复。

融合，是一个很有用的概念。它准确地描述了苹果在科技和人文领域对专业的重视和追求。我们把融合作为指导理念，每时每刻都将其贯穿在产品开发和测试过程中，所以这些点点滴滴的积累最终成就的绝不仅是最新的中央处理器、传感器以及大规模开发的软件集成品。我们希望自己的产品能给人们提供意义深远的价值。

与创意选择这种无法言明的概念不同，我们在工作中经常把融合挂在嘴边。苹果内部甚至有一门正式的苹果大学①课程，在课程中，我们可以花半天时间讨论如何将科技和人文艺术融合，为什么将二者融汇于工作中如此困难，以及坚守这一原则的重要性，因为这是苹果创造伟大产品的核心理念。

我们不仅可以在公司内部自由讨论融合，还可以在任何场合谈论

---

① 苹果大学是公司赞助的内部培训部门，其任务是吸收、交流、理解和留存苹果最好的实践课程。

这一话题。史蒂夫·乔布斯在发布第一代 iPad 时，他在发布会的演讲台上与所有人分享了自己对这个话题的看法：

> 苹果有能力创造出像 iPad 这类产品的原因在于，我们始终在尝试找到科技与人文艺术的完美契合点，汲取二者的精华，从技术的角度来看，产品是最先进的，但同时它也是直观、易用、有趣、能给用户带来价值的。用户不需要走向产品，产品应该自己走向用户。

科技和人文艺术的完美融合这个概念，可以追溯至苹果早期的历史中。史蒂夫用这一点解释 1984 年推出的麦金塔电脑（Macintosh，简称 Mac），为什么用等比例字体而不采用当时传统电脑使用的像电传打字机那样的等宽字体。从那时起，“科技与人文艺术的完美融合”就成了苹果产品的代名词。当听到“艺术”时，你想到的绝不仅仅是那些字体、颜色以及视觉设计元素。

你可以在所有场景中看到我们在融合上所做的努力。我想让 iPhone 键盘在被击打时发出老式打字机敲击纸张的声音，最后我通过用铅笔敲打桌子边缘模拟了类似的声音。我的灵感来自曾听过的一个故事：本·伯特（《星球大战》第一部的音效设计师）通过录制锤击天线塔上拉线的声音为爆破场景搭配音效。[①]

---

① 我为敲击键盘的声音设计了两个方案。我以铅笔敲打桌面的声音为样本，用 Macromedia 软件对声音进行编辑，输出两个经过处理的声音。我把其中的一个叫作 tick，把另一个叫作 tock（二者均为模拟声音的词语）。据我所知，这个声音在经历多次 iOS 版本升级后依然被保留着，这也是我作为一名唱片艺术家职业生涯的高光时刻。

“将二者融合”并不仅仅意味着打磨细节，而且要将每一个独立的图标、动画或者声音打造成审美标杆。人文艺术元素与科技必须结合起来，它们只能以一个整体的形式接受评价，而评价标准就是产品在多大程度上满足了用户的需求。

接下来的三个简短的小故事向大家展示了我们是如何在 iPhone 开发过程中做到融合的。它们描述了 iPhone 软件的某些功能和属性是如何以及为什么被设计成如今的样子的，我们在这一过程中又做了哪些关于融合的努力。

图标的尺寸

当我 2005 年夏进入 iPhone 开发团队时，我在触摸屏软件领域完全是一名新手。当拿到发给我的第一台沙袋鼠时，我把它连接到 Mac 计算机上，然后就看到这台原型机屏幕上出现了应用画面，为这样一台机器开发程序对于我来说是全新的体验。我的双手离开 Mac 计算机的键盘，拿起沙袋鼠，点击上面的图标，在滚动列表中选定行，在不同的应用程序中来回切换。Purple 大厅里面的其他人也在做这件事，大家都在感受用手指在沙袋鼠上与软件交互是什么样的体验。

软件团队中的所有人都忙着解决自己遇到的技术难题，忙着试用邮件、Safari、Notes 以及 SpringBoard 等程序，不久后，我们开始互相问一个同样的“大”问题：在屏幕上到底要设置何种尺寸规格的图标，才能使其容易被点击呢？被点击的图标需要足够小才能使得屏幕容纳足够多有用的内容，但又必须足以让人们轻松点击自己想要的图标。除此以外，我们并没有关于图标尺寸更多详细的概念。

对于显示全部主屏幕图标的SpringBoard程序来说，这一点尤为重要。这些正方形代表了设备上的全部应用程序。点击一个图标就会打开一个占据整个屏幕的应用程序。点击了正确的图标当然是令人愉悦的，整个屏幕变成一个笔记本、一个网络浏览器或者一个日历，任务之间的切换就发生在眨眼之间；如果点击了错误的图标，那就糟糕了，这就像把手中的餐具伸到一碗汤里想要喝汤时才发现自己拿的是叉子而不是勺子一样。

对于SpringBoard来说，这种人体工程学问题被简化成了将主屏幕界面上显示的图标设计成适合点击的最佳尺寸。我们不知道具体的尺寸应该是怎样的，沙袋鼠在最初的几次示例演示会议上的表现给了我们一些关于一般人群的人体工程学方面的数据作为参考。

斯科特·福斯特尔有着细长的蜘蛛一般的手指和指尖。他可以将大拇指高高翘在沙袋鼠屏幕上方，并像机器一样准确地上下移动他的手指，就像发动机气门里面的摇杆一样。斯科特令人惊讶的准确操纵触摸屏的能力似乎是与生俱来的，他可以毫不犹豫地轻松而准确地点击屏幕上最小的用户交互元素。

格雷格·克里斯蒂的手则完全不同。如果他走到室外吸一支烟回来，他的手指会变得更加笨拙。即使给他展示的示例程序中图标太小，他也会尝试，如果失败了，他就会发出标志性的叹息——超长的散发着不满的声音——来表达他无法使用面前这个应用的沮丧之情。格雷格的表现对我们是有意义的。记住，史蒂夫可没说过产品应该让用户沮丧，他说的是产品应该“自己走近用户”。

我们认为人群中手指大小的方差应该大于斯科特和格雷格两个人的差距，但是他们两人截然不同的用户体验让我们在开发过程的早期就确信，iPhone 用户交互领域里最重要的问题就是，主屏幕图标的最佳尺寸到底是多少。

我在 purple 团队里的同事斯科特·赫兹很快给了我们答案。他编写了一个程序并在 Purple 团队中分发。这个应用程序本身没什么特别。程序启动时会有一个特别大的开始按键显示在屏幕中。点击这个按钮后，屏幕会空白片刻，接着一个箱子出现在屏幕的某个位置上。用户的任务是点击这个箱子。在你点击后，无论成功还是失败，片刻空白后，屏幕上的某个随机位置会出现另一只箱子。只不过新箱子的尺寸与前一个不同，它可能大一些，也可能小一些。整个过程就是点击箱子，点击箱子，点击箱子。

说实话，这很有趣，就像玩游戏一样。在点击箱子差不多 20 次后，游戏结束，程序会显示你的得分：你击中了几个箱子，错过了几个箱子。在后台，软件会追踪箱子的尺寸及位置。由于这是一个很有趣的游戏——啊，不，一个收集触摸屏可用性基础数据的严肃的测试程序，赫兹的点击程序迅速在 Purple 大厅里风靡起来。几天之内，我们就收集了大量关于点击图标尺寸和准确度的信息。

赫兹的游戏结果显示，如果箱子的大小是 57 像素 × 57 像素的正方形，那么我们可以将它放置在任何地方。如果这样做，每个人都可以很轻松地点击箱子，准确率接近 100%。

赫兹的游戏给了我们答案。在初代 iPhone 主屏幕上显示的图标就是 57 像素 ×57 像素的正方形。

用户界面顺畅

iPhone 用户交互的核心概念之一就是直接操控。这个概念是指，赋予软件以真实物品的特点和行为，使人们能够像与真实物品交互一样与数字代码进行互动。

举一个例子。想象一下，你正坐在一间办公室里，办公桌上放着两个物品：一张纸和一个文件夹。如果你想把这张纸放进文件夹里，你可以伸出手，拿起纸张，将其移动到文件夹中，可能你会把文件夹的张口撑大一点儿，让整个过程更加顺利。与真实物品的互动会产生一个感官反馈的信息流（视觉的、触觉的、听觉的），这个信息流能协助你监控整个过程。

纵观整个计算机历史，这种单调的行为从来没有这样容易过。几十年来，计算机强迫用户输入文字指令与数字目标进行互动，这种概念上的距离增加了使用的难度。在运行 UNIX 系统的计算机上，将文件移动到文件夹的指令可能是：

```
mv paper.txt folder
```

要发出这个命令，你必须知道 move 的程序名被神秘地简化为 mv，还要记住把要移动的物品放在最前面，把目标位置放在第二位。

像这样的命令行界面使得计算机对于普通人来说变得抽象、遥远，而且令人费解，只有那些极客才会认为学习这些神秘咒语是很酷的事情。对于其他人来说，正确的反应是：不要！

20世纪80年代，苹果用Mac改变了上述状况。Mac的图形用户界面与它的鼠标和图标一起，为用户提供了更加直观的用户体验。要与某个对象互动，你只需将鼠标移至它的图标上即可。点击图标选中它，并持续按住鼠标左键，你就可以随心所欲地用手移动这个图标了。要把某个图标装进一个文件夹，只需要用鼠标将该图标移动至文件夹的上方，然后松开鼠标左键。所有这些动作都让计算机行为更加友好，它们的存在也帮助我们理解了直接操作的概念：你可以在屏幕上看到代表可互动目标的图标，用鼠标来点击和移动它们。

苹果其实并没有发明直接操作的方法，一位名叫本·施耐德曼的计算机科学家于1982年成功创造出该方法，但Mac很快就普及了它。早在1984年1月，苹果就意识到这个前沿的人机交互研究具有重要意义，理解了核心技术概念并开始围绕这一概念建立系统，将它这个系统捆绑在一台人们可以购买的产品上。Mac和鼠标的出现开创了苹果利用新科技解决由来已久的交互问题的新传统，这个解决问题的思路也成为很多年以来苹果解决众多问题的灵感来源。

早在Purple项目开始之前，苹果的少数设计师和工程师就认为基于手指操作的多点触控软件将与鼠标一样有着巨大潜力。他们相信触摸可以让计算机的交互模型在直接性上提升到更高水平。他们希望多点触控可以终结对鼠标的需求。你在屏幕上看到一个图标了吗？你只需要伸出手来用手指触摸它。

伊姆兰·乔杜里曾是多点触控技术的早期支持者之一，他协助提供了将该项新技术转变为产品的设计灵感。

苹果的软件设计团队称自己为 HI 是有原因的。人类才是核心，与我见到的所有人一样，伊姆兰坚信产品应该服务于人。和苹果公司中其他众多重要的人物一样，伊姆兰的工作是他个性的集中反映。他身上有一种柔和低调的冷静，这种感觉非常难以形容，但你在与他沟通时就会立刻感觉到。在我对妻子提起伊姆兰的很多年后，她终于在一次庆祝年度软件发布的聚会上得以见到他本人。聚会结束后，她对我说："是的，我现在理解你说的伊姆兰到底是什么样的了。他太有魅力了。"

魅力？是的，伊姆兰极具魅力。但是与苹果公司历史上最具魅力的人物史蒂夫·乔布斯不同，伊姆兰从没有当着任何人的面发火或者训斥别人。相反，他说话时总是很温柔，他的礼貌让你不自觉地与他亲近，他轻柔的低音需要人们静心聆听，但这与羞涩毫无关系。事实上，伊姆兰总是很清楚自己想要什么，在交流我们正在开发的产品的设计目标时，他总是思路清晰。

从启动 Purple 工作开始，伊姆兰就对多点触控用户界面应该怎样表现有清晰的认识。为了向 Purple 软件工程师和设计师团队清楚地解释他的构想，伊姆兰会在他身前的桌子上腾出一个平面空间，拿出一张纸铺在上面，伸出他的食指触摸纸张的中间部分。接着，他开始用手指连着纸张，使二者好像一个不可分割的整体一样，在平面上旋转滑动，他的姿势和正在操作的目标的同步动作就是在模拟他希望得到的 iPhone 用户界面的流动性和响应的体验（见图 9-1）。

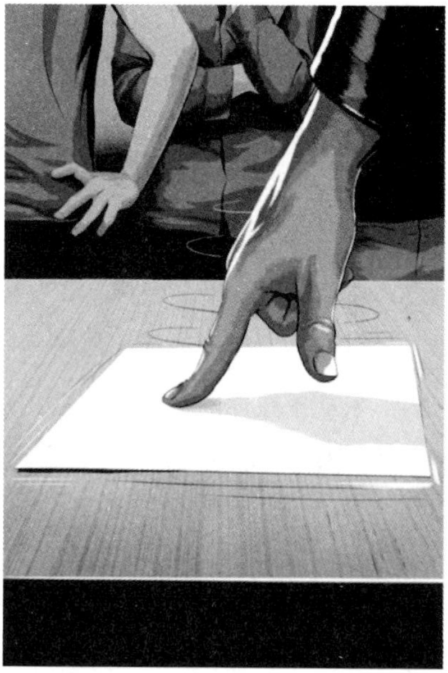

图9-1　伊姆兰用纸来模拟iPhone用户界面的流动性和相应的体验

“女士们，先生们，”他一边用和善的英伦腔调说着，一边点头让大家把注意力集中在他的演示上，“运作方式应该是这样的。”

伊姆兰用这张被按在他手指下的纸张[1]来展现直接操控 iPhone 的

① 在高科技领域，设计和开发软件时用纸质画图纸和抠图软件作为原型工具是很常见的行为。最初的观点认为，使用纸质模型是因为容易制作。在 Purple 项目上，我们没有采用纸质模型，最简单的原因就是纸质模型的仿真度很低，在多点触控系统中，我们难以评估一个应用程序或交互的真实运行状态。实话实说，伊姆兰的直接操控演示是初代 iPhone 开发过程中唯一有用的纸质模型。

感觉，对于他来说，感觉至关重要。他认为iPhone屏幕上的像素图像应该保持被钉在手指上的状态，就好像它们是真实的物品一样。他想要让人们相信这些数字代码在屏幕上的移动是真实物理力驱动的结果，就像食指和纸张连在一起一样。由于真正的纸张从没有被卡住或停顿，因此他的观点是，为什么不让这些像素点也平滑起来呢。

对感觉的执着是有其目的性的。伊姆兰希望人们在阅读网页时能全神贯注于内容本身，在与朋友一起欣赏度假照片时可以顺畅地翻阅相册，在欣赏音乐时可以根据当时的心情和思绪选择适合的乐曲。他相信，如果屏幕上的形象从未在你的指尖下溜走，你就会忘掉科技的存在，沉浸在这个设备给你带来的体验当中。

删除建议栏

让我们来做一个测试。认真阅读以下指示：选择其中一个挑战，不要写下任何东西，只用你的大脑记录你的答案。选择你最喜欢的，然后开始吧。

（1）《白雪公主和七个小矮人》里面小矮人的名字。

（2）大于10的前7个素数。

（3）以元音字母开头的7个欧洲国家的名字。

你的成绩如何？如果你是迪士尼迷，那么第一个问题可能对于你来说很简单。也许，你是一个数学天才或地理专家。即便你没有写下任何东西，我也敢说你一定用手指来计数。你如果用这个小伎俩，就算作弊了一次，不过我不会责备你。当尝试在脑中一次性记住这么多东西时，我们都需要借助这类拐杖。

这个测试解释了我在本书中即将提及的概念：心智负担。事实上，我们的工作记忆是有极限的，关于认知能力边界的研究可以追溯至发表于几十年前的一篇心理学论文——《神奇的数字 7 ± 2：我们信息加工能力的局限》。该论文于 1956 年公开发表，作者是来自哈佛大学的乔治 • A. 米勒。米勒想要将人类短时记忆能力量化。他发现我们只能同时记忆大约 7 个东西。如果试着同时记忆更多项目，人们就需要制造组块，正如米勒所说的：创造“分类组块”。比如，按顺序记住 7 个颜色并非难事：红色、白色、蓝色、青色、黄色、洋红色、黑色，因为前三个颜色是美国国旗的颜色，后四个是胶版印刷中的常用色。我可以很容易地将其分组记忆，因为我是美国人，而且我有印刷方面的知识。即便是对于随机数据，人们要记住 984-313-552 也比记住 847620475 更容易，前者仅仅增加了连接号，就能让人们从视觉上更容易记住。但在应对大量信息时，我们如果不能用分组的方法在脑中提供足够多的记忆空间，就会造成记忆过载，一旦如此，我们就会犯下更多错误，判断的准确性就会降低，工作能力就会急速下降。

我在产品开发上的经验告诉我，这种极限是客观存在的：我们与技术互动，尤其是与新的、棘手的技术打交道，会像列表测试一样产生负担。我们很容易触碰脑力边界，当我们在复杂的海洋里航行时，头脑很容易偏离航向。我们很容易深陷在软件功能的泥淖里，在出现这样的情况时，我们并没有足够的能力找到登陆点，把自己重新拉回正轨。

为了让产品更加亲民，设计者必须降低用户在使用他们制作的产品时的负担。即便是微小的简化动作也是有意义的。好消息是，我认为几乎所有产品都存在优化的空间，经过优化的产品可以减轻用户负担。

把前面提到的列表测试再拿出来分析，我们简化一下，让它更容易完成。为了方便书写，你可以拿一张纸，接下来，从以下经过修改的挑战中选择一个，开始测试：

（1）写出任意 7 个迪士尼角色的名字。

（2）写出前 7 个素数。

（3）写出任意 7 个欧洲国家的名字。

当然，这些挑战的答案更容易被写出，但是千万不要被书中小测验的人为环境迷惑。类似简化的可能性始终存在于真实的产品开发流程中，在苹果，我们一直在寻找这种可能性。我在第 1 章中讲的事情就是其中一个例子。当我演示 iPad 键盘布局的两种方案（一种是巴斯提出的更多按键方案，另一种是我提出的更大按键方案）时史蒂夫·乔布斯认为我们可以消除选择，减少 iPad 用户在使用时可能需要考虑的事情，让产品的使用变得更简单一些。但这样的机会并不总是容易被发现，没有人能够确定去掉系统的哪一个部分会产生“少即是多”的效果。

在初代 iPhone 的键盘开发后期阶段，我持续不断地调试和优化文本输入软件，随着 Macworld 演讲日期临近，我以为自己已经结束了对系统进行大改动的工作。然而 11 月，距离史蒂夫·乔布斯登台发布

iPhone 日期仅有 6 星期的时候，斯科特·福斯特尔告诉我要取消键盘上方的建议栏——这个键盘上方的区域会在你输入完一个单词后显示自动纠错系统为你提供的 3~4 个建议词（见图 9-2）。

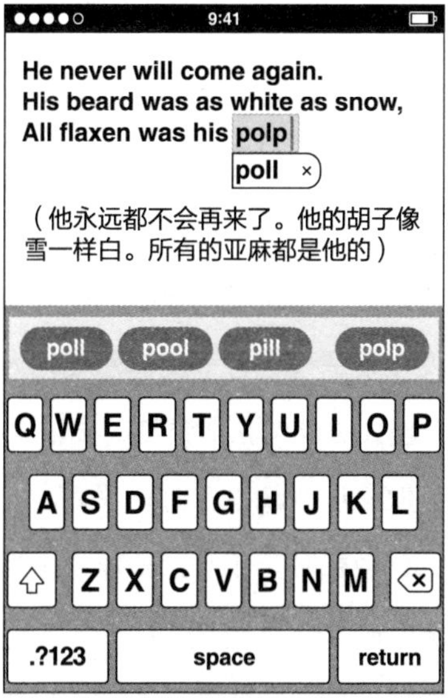

图9-2　在初代iPhone发布时，我们从键盘上方去掉了建议栏。此后，自动纠错只会在文字栏显示的插入符处的字母下方给出首选词

这个建议栏是“胜利之作”的一个设计，如今斯科特决定抛弃它。幸亏图像倾斜算法和我对词库的改进，已经使自动纠错系统运行得非常好了，自动纠错系统给出的首选词几乎总是用户想要的那个，系统会自动在文本栏中输入的字母的下方显示首选词。斯科特考虑了用户在打字时视线聚焦的地方——闪烁的插入符之处是其一，点击按键的

手指之处是其二。建议栏的存在使得人们还要有第三个聚焦视线的地方，这有点儿多此一举。建议栏增加了键盘系统给人们带来的心智负担，就像那个以元音字母开头的欧洲国家名字的测试一样。斯科特认为建议栏不但没起到辅助作用，反而分散了人们的注意力，所以他要求我把它彻底去掉。[①]

这个决定使得用户在打字时，建议栏里不会再有不停闪烁的变动的单词，而可供显示文字的空间变得更大。出人意料的是，我们的用户测试结果显示，移除建议栏后，用户的打字速度有了看似很小，但在统计学上很显著的提升。建议栏是让我们的大脑感到混乱的来源之一，停下来查看建议栏里是否包含了我们想要输入的单词，比让自动纠错系统帮你选择更慢。因此，在斯科特的要求下，我们将其简化。

当斯科特要求我做这项删除工作时，我并没有抱怨，尽管我在这些功能的开发工作上已经耗时一年有余。作为苹果产品的开发者，我们觉得通过减轻软件负荷来提升用户体验是令人开心的事。[②]

以上三个故事讲述了什么是融合，展示了对于我们来说平衡科技

---

① 由于日文输入法的特殊需求，我们在 iPhone 日文键盘中重新增加了建议栏。而在 iOS8 系统中，快速输入程序又将建议栏重新引入更多语言（包括英语）键盘中。尽管当时我仍在苹果工作，但我并没有参与快速输入程序的开发。

②第一个测试中三个挑战的答案如下：1. 除了我在本段提到 Grumpy（抱怨）和 Happy（开心），白雪公主的其他 5 个小矮人的名字分别是 Bashful（害羞）、Sneezy（打喷嚏）、Sleepy（瞌睡）、Doc（医生）以及 Dopey（迟钝）；2. 大于 10 的前 7 个素数是 11、13、17、19、23、29 和 31；3. 截至本书成稿之日以元音字母开头的欧洲国家分别是：Albania（阿尔巴尼亚）、Andorra（安道尔）、Armenia（亚美尼亚）、Austria（奥地利）、Azerbaijan（阿塞拜疆）、Estonia（爱沙尼亚）、Iceland（冰岛）、Ireland（爱尔兰）、Italy（意大利）、Ukraine（乌克兰），以及 United Kingdom（英国）。

与人文艺术是多么重要。斯科特·赫兹找到了合适的图标尺寸，方便人们点击；伊姆兰希望用户交互能更加顺畅，因为这会让人们感受到类似真实世界的体验；斯科特·福斯特尔要求我删除键盘中的建议栏，以减轻人们的心智负担。

决定舒适度、追求流畅性以及降低心智负担是我们在人体工程学、感知以及心理学方面的目标，在具体每一件事情上，将技术打磨和优化至更高水平，可以获得以人为本的结果。

匠心独具

还有很多例子可以证明我们在融合科技和人文艺术方面做出的努力，但受限于本书篇幅，我无法一一道来，所以接下来我只能再简要地列举几个开发 Purple 项目时的例子。

弯曲：你可能会认为，当点击 iPhone 屏幕时，触摸到屏幕的是你的指尖，但实际上并非如此。由于我们指尖固有的弧度，首先接触屏幕的手指实际接触点比我们认为的接触点更低（见图 9-3）。软件会调整真实接触点，通过向上移动或使其弯曲来消除这种差异，使用户认为自己点击了的位置是正确的。

填充放大的按钮：最上方导航栏里的“Back”（返回）键实在太小，以至用户无法很舒适地点击，所以我们将这个按键填充、放大。这意味着软件中用来感知点击的有效区域要比按键的视觉区域更广（见图 9-4）。

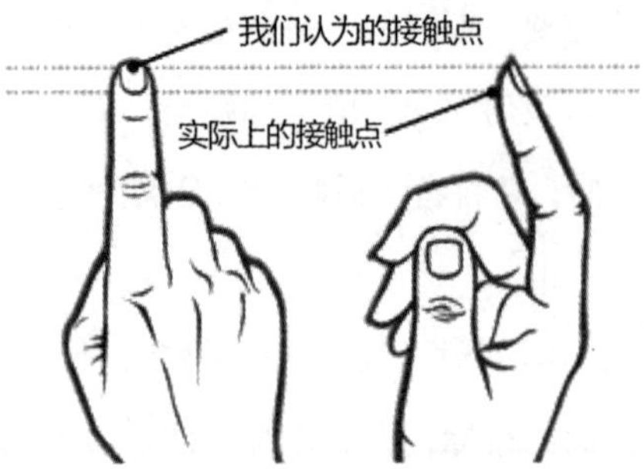

图9-3 我们以为的接触点所在的线和实际上的接触点所在的线之间的距离看起来并不是很大，但如果不做调整，会让用户觉得触摸屏的反馈并不准确

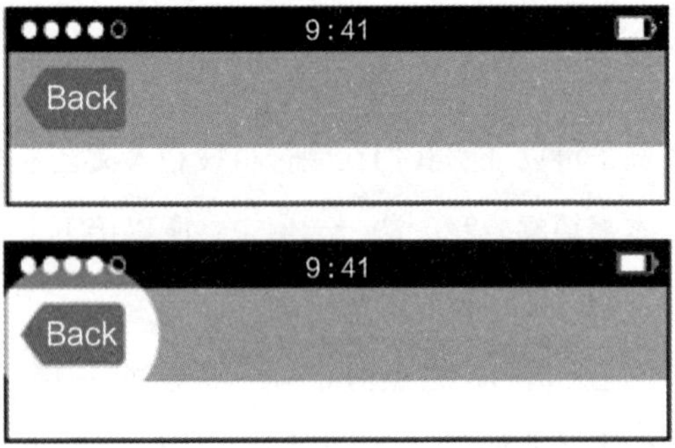

图9-4 “返回”键的视觉区域比有效区域小。有效区域就像一个经过充气的变大的区域，用阴影来表示

儿童易懂：最初的“Slide to unlock”（滑动以解锁）功能能防止手机在口袋或者包里被意外激活。这个在隧道里滑动解锁的用户界面十分直观，当伊姆兰第一次把 iPhone 拿给女儿时，她只有 3 岁，她看了看屏幕，在除了系统界面以外没有任何提示的情况下，她滑动了控制键，解锁了手机，完全没有障碍（见图 9-5）。

图9-5 “滑动以解锁”的界面非常直观，连小孩子都一看就懂

不能错过：在键盘区域点击总是会激活按键。由于无论在视觉上还是在软件层面上，按键之间都不彼此连接，所以用户很有可能按到边缘而没有触碰任何按键。但不管怎样，我认为用户只要点击了键盘，目的就是打字，所以我一定要给出反馈结果。在没有点击按键的情况下，我会令几何距离最近的按键对点击予以反馈。

我可以继续讲述类似的故事，包括 home 物理按键是如何起到抚慰人心的作用的，它是人们的逃生舱，在任何应用程序中，只要按下它就可以退出；还有动画如何表现应用程序模型——在仔细阅读应用程序里面的内容时，如何启动、暂停和放大与缩小。

实际上，我还可以继续讲很多，如果你愿意阅读法律术语的话，你也可以了解得更多。我推荐你读一下美国专利第 7479949 号，在与苹果律师交涉时，我们也把它简称为 949 专利，或者就叫它 iPhone 专利。它的正式名称是“触摸屏装置，方法，带有启发性的确定操作命令的图形用户界面”。这份文件是苹果关于初代 iPhone 的全新软件特点及功能的官方声明，这份长达 358 页的专利文件中，排满了各种图表、量化数据和声明。这份文件旨在提供一个关于多点触控用户界面的详尽纲要，以及多个深入研究诸多特定交互的部分。比如，下面的文字是一段简要摘录，描述了在特定情境下，系统如何解读手指在触摸屏上的移动：

> 在某些情况下，系统会直接感知并响应手指移动的方向；然而在某些时候，平移方向是根据规则由手指移动方向映射而来的。比如，这个规则可能要求，如果手指移动的方向与标准轴之间的夹角的角度在一定范围之内，那么系统会自动判定手指移动方向平行于标准轴，否则系统对方向的解读基本上是与手指运动方向相同的。

我很好奇，为什么在律师的描述下，iPhone 无法传达任何我们产品开发团队花费大量心血努力想表达的美好感受。但当然，专利不是用来愉悦人的。不过，即便是在最高层面，949 专利也没有反映出任何关于科技和人文艺术相融合的工作内容，只是在专利的标题上提到了我们工作的一部分：启发。

算法与启发的平衡

我们用启发这个词来形容软件开发过程中侧重于人文情怀的一面。与之相对应，算法代表了技术的另一面。启发和算法就像同一枚硬币的正反两面，二者都是软件完成自身任务的具体步骤——接受输入、进行操作、输出结果，但有截然不同的目的。

算法生产的是可量化的结果，衡量其进展的是项目按照预定方向前进的程度，正如我们在提升 Safari 表现时所经历的近一年的时间一样。页面加载测试报告代码的运行状态，它的结果是一个数字——加载一个页面的平均时间。自始至终，我们都有一个明确的目标——减小这个数字。毫无疑问，速度越快越好。与之类似的是文字处理器中光标移动的问题。当闪烁的光标被放置在一行中某个英文单词的尾部时，点击一次空格键，会插入一个空格，光标随之向右移动一个字符单位。无论对错，这都是没有争议的事实。如果点击空格键没有出现这样的结果，那就意味着出现了故障。算法就是这样，它们是客观的。

启发也有一些衡量或评价标准——动画的持续时间或者屏幕显示颜色的 RGB 值等，但是并没有类似的“改进的箭头”指明改进的方向和程度。与算法不同，启发难以明确界定。比如，在你轻轻滑动屏幕之后，滚动列表到底应该在多久后停下来？我们总会通过制作示例程序来评估各种各样的可能性。我经常与人机界面设计师巴斯或伊姆兰坐下来讨论关于手势和动画的初始决定，接下来我们会在大一点儿的团队内部重新审查我们的决定，然后，整个团队会进行一段时间的试用。对整个系统启发性的开发，我们也遵循相同的步骤。

一个应用程序从图标被点击、打开到填满整个屏幕，到底需要多长时间？你的手指在屏幕上到底要移动多远的距离，才能让系统解读出这是滑动手势？在查看照片时，两个手指的按压手势到底能将照片放大几倍？所有这些问题的答案最终都将归于数字，对于应用程序的打开来说可能是 0.35 秒，对滑动姿势来说是 30 个像素点，对照片来说最大可以放大至 4 倍。但是数字从来都不是最重要的，从工程学的角度来看，我们并不能证明数字是最优的。相反，数字代表了合理的默认值、令人满意的效果，或一种让人们知道它们意味着什么而非它们做了什么的方式。要找到合适的答案，人们需要花费很长时间，付出很多努力。启发（heuristic）的词根是“尤里卡”（eureka），尤里卡在希腊语中的意思是发现。这就是“尤里卡”融入我们的开发过程的体现，因为好的启发并不会突然闪现，只有经过耐心的探究，我们才有可能遇到它。而且，即便已经得到了启发，我们也可能还不知道。只有经过实践和时间的检验，我们才能得到最终的答案。启发就是这样，更加主观。

算法和启发就像产品开发大脑的左脑和右脑。它们的工作都需要科技和人文艺术的相互影响，我们总在尝试寻找二者之间的平衡点。只有把算法和启发结合在一起，才能制造出优秀的高科技产品。较快的网页加载速度、正确的光标移动、有效率的代码、可爱的动画、直观的手势以及内置行为等，对 iPhone 这种产品都非常重要。我们的目标是实现舒适的科技和计算机驱动的艺术的完美结合。

但就具体某个问题而言，使用算法还是使用启发的决定非常重要。这就是谷歌对 41 种蓝色进行实验对于我来说太不可思议的原因，我已经习惯了苹果的方式。谷歌用 A/B 测试来选择一种颜色，它用了一个单一预设值的标准，然后予以定义：测试中人们点击最多的蓝色就是最佳的蓝色。这就是算法的思维模式。

在苹果，我们从不会采纳算法给出的颜色建议。我们用不断更新的示例程序来挑选颜色和确定动画时间，我们对自己的品位有信心。当我们寻找适合的“给定规则下的手指移动”（我在 949 专利摘要里提到的事情）时，我们做了一个主观判断，采用了启发性思维方式。

与此同时，我们并没有对所有事情过度情感化。经过优化的算法仍然是 iPhone 软件开发的重要部分，就像之前开发 Safari 一样。重要的是，在算法和启发之间仍有暗潮涌动——在科技和人文艺术之间做出正确选择是十分复杂的。

比如，我们有时候用启发来调和算法。在键盘自动纠错过程中，图形倾斜算法总是可以为任意顺序排列的字母找到最匹配的词库单词。想象一下，有人输入了 oooorr，可能他只是想在两种美妙的选择之间强调 or（或者）这个单词（比如，我们可以选择三色冰激凌或者……巧克力 7 层蛋糕作为甜点）。无论哪种情况，oooorr 这个单词都不在词库里，对于键盘算法来说，通过最接近匹配也只能找到 polite（礼貌），这显然也不是意义相近的单词，至少我们的大脑无法将两个单词联系在一起。我们可以接受类似于“rhe → the”或者“firdt → first”的纠错过程，但显然无法接受将 oooorr 变成 polite。自动纠错的任务是根据你的指令给出你想要的单词，无条件地通过一些聪明的运算方式使你的输入过程遵循字典的规则。我在开发键盘代码的过程中发现，有些时候完全保留用户输入的字母而不使用自动纠错系统反而效果更好。超过了某个临界点后，意外的自动纠错可能会让软件变得令人迷惑而非更有帮助。这个临界点到底在哪里？我只能通过询问来寻求答案，然后根据他们的反馈，为图像倾斜算法找到介入和撤出的临界点。经验告诉我，我应该把 oooorr 这个特例放置在一边。

其他时候，我们将算法和启发锁在一个链条里。启发的输出结果通常是算法的输入值，而算法输出的结果成为下一个启发的输入值。

举个例子，要在相片应用里向左侧滑动看下一张照片，首先用你手指的移动来决定是进入下一张照片还是保持在当前照片上（启发介入），手指的移动会启动动画代码，将当前照片移出，将下一张照片移动至显示屏上（算法介入），根据你滑动屏幕的速度来决定下一张照片进入显示屏的速度（另一个算法介入），然后在精心设计的动画中，使照片缓慢停止（启发介入）。

这就是在启发和算法之间寻找平衡的意义。这些例子应该能够说明我们为什么总是制作如此多的示例程序。尤其是滑动照片的例子，应该可以解释为什么你无法在一个阶段用工程学的方式制作产品，在另一个阶段胡乱编造一个外观和感觉。因为我们通常很难判断到底应该在什么时候停止算法，让启发接手。我们要进行很多次的设计和编程迭代才能够评估所有相关选择。最佳的解决方案就是众多小决定的积累，这些小决定让我们得以驯服如此复杂的系统。整个工作过程就像在尝试拼凑七巧板一样，我们无法确定最终的图像，每一个小块的形状也在不停地改变。没有任何一个单一的 A/B 测试是可行的。由于软件始终在不断更新发展，在任何一个单一的示例程序中，我们都无法预见任何一种选择带来的结果。我们必须不停地试用软件，体验软件如何融入生活，才能知道如何在原始版本的基础上做出改进。我们的目标是将算法和启发结合，从而创造出伟大的产品，使其顺利运行，并给人们带来愉悦。设计终究关乎的是产品如何运作。

这是一条漫长的道路。正如史蒂夫在 iPhone 发布会的演讲中提到的那样，他在两年半以前就期待着这一天的到来。

iPhone之所以伟大……

在 iPhone 这样的产品身上，交汇融合随处可见，但具体情况则不尽相同。

史蒂夫在 Macworld 的演讲上第一次发布 iPhone 的时候，就是我的键盘与世界交汇的时刻。当史蒂夫向公众进行第一次公开介绍 iPhone 里的键盘的那一刻，我的自豪感和希望被害怕和恐惧取代。接着，在他向观众的描述中，史蒂夫称我的键盘为“非凡的”，他成功地打出了一条短信。说实话，史蒂夫在文本的结尾增加了一个返回字符，这并非出自他本意，不过没什么大碍。没有发生任何灾难性的事件，我如释重负。示例程序一切顺利，这非常酷。

还有我和史蒂夫的交汇。就在 iPhone 发布会演讲结束后，理查德•威廉姆森和我穿过大厅前往讲台，与 Purple 软件开发团队的其他成员汇合。路上，我们碰到了史蒂夫，史蒂夫看向我们俩，他立刻认出理查德并向他致谢。这是我第一次见到他本人，尽管他知道我的工作，但他不知道我是谁。就在这场苹果有史以来最盛大的发布会之后，我真的见到了他本人，但他的目光并没有落在我身上。我真的很失望。

还有 iPhone 与持怀疑态度的人的交汇。在发布会不久之后，就有人开始公开发表他们对产品的怀疑，可能没有任何一个持怀疑态度者像当时微软的首席执行官史蒂夫•鲍尔默那么有名，他听说 iPhone 后的第一反应是：“500 美元？而且还是有补贴计划的？要我说，它是世界上最昂贵的手机，对商务用户毫无吸引力。因为它连实体键盘都没有，所以它不会是一台好的邮件机器。”

时间证明鲍尔默大错特错。即便如此，在 iPhone 发布后不久，从另一个史蒂夫口中得到另一种声音也是一件有意思的事情。

还有一个重要的交汇融合点，存在于 iPhone 和我们为此付出的努力之间，这又把我带回我在本书开头提出的一个基本问题：为什么像 iPhone 这样的产品，会得到令人满意的结果？我现在已经做好准备给出完整的答案了。有三个方面的原因。

第一，通过制作示例程序进行创意选择。在此基础上加入融合的工作理念，我可以进一步描述我们在开发一个产品时是如果创造变化的。

当我们有了一个想法时，我们立刻用能实现这个想法的算法和启发拼凑出一个初始版本。接着我们加入其他支持性资源，代码、图表、动画、声音、图标等，以做出一个示例程序。在向团队演示示例程序并获取反馈之后，我们做出改进决定。很多时候，这关乎对启发的调整或者对算法与启发的融合程度的修正。不管怎样，我们做出明确而具体的调整决定有助于下一个示例程序获得提升。然后，我们不断地重复这个过程，这将我们的项目置于一个不断进行正向积累的漫长道路上。这就是我们从想法出发最终完成可以交付的软件产品的过程。

第二个原因可以追溯至本书的前言部分，就在我第一次提出影响苹果产品开发的 7 个重要因素的地方。现在我希望你能够清楚地看到它们是多么重要，以及它们是怎样为创意选择提供原材料的。下面我再一次把 7 大重要因素列出来，这一次，我把自己的故事作为每一个具体元素的解释补充进来。

（1）灵感：发挥想象力，大胆想象什么是可以实现的，正如伊姆兰预见到流畅的指尖轨迹是人们通过触摸与 iPhone 进行交互的关键因素。

（2）协作：与他人保持良好的合作，互通有无，优势互补，正如达林和特雷帮助我在 WebKit 文字处理项目上把光标移动的问题解决了。

（3）技术：反复实践直到取得高质量的结果，精益求精，正如 Safari 团队通过运行页面加载测试，试着理解测试程序告诉我们的关于软件的信息，并运用这些发现优化我们的代码。

（4）勤奋：坚持做看似枯燥却必要的重复性工作，不要依赖捷径，也不要在努力程度上打折扣，正如我们日复一日地坚持修正交叉索引的枯燥工作，最终带领我们走向“黑色石碑”出现的时刻。

（5）决断力：做果断的决策，拒绝推迟或拖延，正如在史蒂夫让我立刻为 iPad 选择一个键盘布局时，我毫不犹豫地做出了选择而没有在我和巴斯的两个不同设计方案之间犹豫不决。

（6）品位：培养敏锐的判断力，寻找能使整体达到和谐愉悦的平衡点，正如我们最终做出了给 iPhone 配备 QWERTY 键盘的决定。

（7）同理心：尝试从其他人的视角观察和思考问题，创造适应他们的生活、满足他们的需求的优秀作品，正如斯科特·赫兹通过制作一款游戏找到了触摸屏上图标的最佳尺寸，从此人们可以舒适而自由地在 iPhone 显示屏上点击图标了。

此外，我还有更多案例可以与大家分享。当理查德做出他的首个浏览器示例程序来展示 Konqueror 浏览器代码的潜力，并在几天之内通过这个示例展示出他专业的技术时，我受到了鼓舞。当格雷格·克里斯蒂说出那句“啊……拜托，肯！”让我在 QWERTY 键盘中的每个按键里只放置一个字母时，我经历了我整个事业生涯中最有决断力的一刻。坚持不懈的努力在创建 iPhone 的自动纠错词库过程中极为必要，通过增加所有词目以及调整所有词目的使用频率分值，我创造了一个包含了数万个单词的词库。像巴斯和伊姆兰这样的设计师对不计其数的启发做出的富有品位的、和谐的决定，体现在初代 iPhone 的每一个手势和交互行为中。同理心启发了滑动以解锁的设计，这种设计哪怕对于儿童来说也是很直观的。即便我搞砸了一个软件团队的管理，斯科特·福斯特尔也给了我加入 Purple 项目的机会，这是对我合作和学习能力的信任，因为他相信我可以贡献力量，我需要的只不过是一个适合自己的角色。

在这里我要指出一些重要的东西，因为你可能也会想到。我列出的有些例子可能看起来无足轻重。在斯科特·赫兹制作点击图标游戏的时候，他怀着多少同理心呢？当格雷格·克里斯蒂宣称我应该回到传统 QWERTY 键盘的一按键一字母设计的时候，他又有多少决断力呢？

这样的疑问没有抓住问题的本质：我们无时无刻不在把握品位、协作、勤奋、技术以及其他所有因素。每件事情都有意义，没有一个细节是无关痛痒的。

这就引出了答案的第三个方面。除了创意选择和 7 个重要因素，我们还需要融合才能完成伟大的工作：将人和认同融合在一起。创意选择和 7 个重要因素是最重要的产品开发要素，但这仍需要一群信念坚定的人将生活融入这些概念，并将它们转化为一种共同的文化。我们创造的文化与产品不可分割。我的经验是，这种形成共同文化的工作方式在团队规模较小时最有效，因为此时人与人之间的互动非常自然和频繁。我在本书中描写的项目团队规模实际上都非常小。在宣布测试版本之前，我们的 Safari 团队仅有 10 人负责编辑代码，iPhone 的 949 专利上列出的发明者只有 25 人。尽管这两个数字代表的具体含义不同，但它们的意义大体相同，两个团队都不是具有几百名或者几千名开发人员的软件团队。从史蒂夫开始，公司自上而下隐藏了一个实用的管理哲学。我们的领导想要得到高质量的结果，他们设置了各种各样的规则，包括管理者要与工作在一线、亲自制作示例程序的员工直接交流等。这个要求限制了团队人数，并且产生了更深层次的影响，我们的开发团队必须要求每位成员都足够优秀且有团队凝聚力。这些因素十分重要，因为它们可以使人们始终保持足够的动力，而这正是超大型团队的主管一直努力的方向。沟通效率高则是小型团队与生俱来的另一个难得的特点。小型团队的沟通路径短，这些被缩短的沟通路径就好像路上的坚果，使得通往目的地的旅途更加轻松。我们总是在努力尽可能快地到达目的地，拒绝犹豫和拖延。

最后一点正是我在苹果进行产品开发的过程中学到的重要的第一课：结果可以比我设想的来得更快。理查德的第一个网络浏览器示例程序教会我如何启动一个项目，如何引领灵感、技术、决断力与品位，以及如何开启创意选择的进程。从唐和我看到理查德的 Konqueror 水晶球那一刻开始，我们就决定融入苹果式的“完成它”的产品开发文化。我们并非个例。与我同时来到库比蒂诺的其他人也有机会参与一些出色的项目，当意识到自己拥有的机会时，我们齐心协力地工作，不断坚持。

以下内容是我对苹果的工作方式的看法，是我们为 Safari、WebKit、iPhone、iPad 这类产品开发软件的秘诀，以及对我们为何能够创造出伟大产品的解读：

一小群人基于 7 个重要因素，通过持续不断地进行创意选择，最终构建出一种工作文化。

我将这句话扩展一下：

一小群富有激情、才智、想象力、创造力、好奇心的人，树立创造最好的产品的目标，基于对灵感、协作、勤奋、技术、决断力、品位及同理心的运用，通过持续进行的示例—反馈迭代，反复调试和优化启发和算法，在质疑和挫折中坚持努力，在每一个阶段都取得最好的进展，最终构建出一种工作文化。

本章一开始就讲到了融合，上面这段话将融合解释得恰到好处。融合同样也高度依赖于执行力。好莱坞流传着一句话，大概的意思是我们可以根据过程质量来判断结果。这一点儿都不奇怪，因为它们都是关于一群人选择怎样的方式运用他们的工具做出怎样的成果的问题。

我的扩展解释也可以作为从产品开发者视角来看产品的陈词，我们视之为一个实际问题。我们组装工具，开始工作，希望自己可以通过创造设计和编写代码将制造伟大产品的梦想变为现实。

第 10 章

最后一次做示例演示

我向他建议也许应该向史蒂夫再做一次示例演示，在交付 iOS 5 之前，他可以再给我们一点儿反馈。亨利摇了摇头，对我说：“此时此刻，我想我们应该自己决定多任务手势的最终版本了。”

2007 年 6 月 29 日是一个特殊的日子，我决定在这一天旷工。平时，我会一大早赶往办公室并开始日常工作——冲一杯咖啡，在桌前就座，浏览新闻，阅读邮件，在雷达中检查我的故障清单，开始编程。而这一天，我选择待在家中上网。差不多一个小时后，我开车从位于森尼韦尔的家中来到 10 英里外的帕洛阿尔托市中心。当我艰难地走走停停，穿过早高峰的帕洛阿尔托主干道——大学大道时，我伸长脖子观察前面的路况。走近后，我看到整个街区已经排起了长长的队伍。我此行并没有特殊的目的，甚至也不知道自己为什么要来这里，我只有一个理由——我想与等待苹果商店开门抢先购买第一台 iPhone 的人站在一起。

比尔做了个木头iPhone

在史蒂夫发布 iPhone 演讲后 6 个多月，iPhone 终于开售。产品发布和开售之间的超长交付周期并不是苹果产品的惯例，但在 iPhone 可以上市销售以前仍有一些监管障碍有待逾越，而公司一旦开始填写这些公开文件，就无法很好地对产品进行保密。因此史蒂夫决定在正式开售前几个月就向公众发布 iPhone。他最大限度地利用了这个时间差为公司的产品造势，让人觉得苹果好像正在全力以赴地进行新智能手机的开发。至少，在极客和发明爱好者群体中，这招奏效了。当 iPhone 被运抵零售店时，很多人迫不及待地想要买到一个。

比尔·阿特金森是其中一位。我在苹果零售店的街角左转，走上帕洛阿尔托的吉卜林大街，伸长脖子远远地看着排队的人群，在队伍的尾端，我看到了他。比尔·阿特金森是软件奇才、图形大师、初代 Mac 计算机的奠基人之一、革命性应用程序（如超卡软件）的开发者。由于比尔很久前就离开了苹果，他不得不像其他人一样排队等待。

只不过比尔和其他人不一样，他的周围聚集了一小群认识他的人。他正挥舞着胳膊，十分活跃。当我走近时，我发现他正在自己手上的一个东西上做手势，这是一个看起来很奇怪、很像手机模型的一个东西。我再走近仔细看，仍然无法辨别到底是什么，所以我开口问他。

比尔说自己实在太想要一部 iPhone 了，几乎无法忍受这么久的等待，所以他做了任何不走寻常路的天才都会做的一件事。他在家中的工作室里找到了一块纹理细密的浅色木头，自己做了一个 iPhone 模型。然后他打印了一个高分辨率的小丑鱼照片，就是史蒂夫 6 个月前在演讲台上使用的那张，把照片贴到了木头模型上（见图 10-1）。实际上，比尔给他自己做了一个玩具 iPhone，这样一来他就可以随身携带它了。我觉得这真是太神奇了。

图10-1　比尔的iPhone木头模型

比尔和我此前从未见过面，但我们有很多共同的熟人。在询问了他的木质 iPhone 后，我向他介绍了自己并告诉他：“尽管我不知道你这个木质 iPhone 有没有经过注册，但我是参与了真实 iPhone 的开发的。”不管怎么说，能看到 Mac 计算机的开发者、我崇拜的英雄比尔 · 阿特金森亲自排队买他的第一部 iPhone，我十分激动。

至此我感觉自己已经完成了一项任务，所以我开车返回了位于库比蒂诺的苹果总部。当我走进 Purple 大厅时，斯科特·福斯特尔正在办公室外面，站在一小群程序员中间。这很罕见，但正如我所说的，2007 年 6 月 29 日是不同寻常的一天。我朝他走去，他对经过身边的人完全不理睬。他正在倒香槟，见到我，斯科特递给我一杯，我们干杯庆祝 iPhone 的发售。

我对第一批 iPhone 发售后的那段日子最深刻的记忆就是解脱。因为我的键盘运行顺利，并没有像手写识别技术葬送了 Newton 的前程那样把 iPhone 也毁掉。

尽管如此，用今天的视角来看，第一代 iPhone 仍有不少缺陷，其中之一就是缺少“剪切、复制和粘贴”功能。很难相信 iPhone 在问世两年的时间里会缺少第一台 Mac 计算机在 1984 年就拥有的功能。这就是技术开发的特点，一个新软件系统并不一定与之前的系统遵循同样的路径。

在对我们的软件进行了几次年度修正后，史蒂夫和斯科特决定让开发团队保持现有规模，并继续保持我们在开发 iPhone 时形成的文化。尽管软件团队规模在这些年里没有扩大，我们依然是一小群设计师和程序员的组合，但我们竭尽全力，尽可能快地将 iPhone 优化成了一个全功能平台。

iPad键盘示例演示

当我们启动后来更名为 iOS 4（苹果将 iPhone 软件系统更名为

iOS，一方面是承认该操作系统在公司内部的重要程度，另一方面是承认它在整个科技领域日益提升的地位）的系统开发工作时，我已经被提升为 iPhone 软件首席工程师（此时 iPhone 软件系统尚未更名，史蒂夫将在开发周期后期宣布这一决定）。我开始与巴斯合作，开发最终将展示给史蒂夫的 iPad 键盘示例程序。

我们在 2010 年交付了 iPad 之后，史蒂夫和斯科特很想知道更大尺寸的 iPad 屏幕是否允许多个手指一起在显示屏上点击，使用全手手势来控制使用多个应用程序的体验。

初代 iPhone 支持多点触控，用手指伸缩的动作调整图片或地图的比例，这种直观的手势是你看过一次就不会再忘记的。但是直到 iOS 4，我们的软件仍然只提供两个手指的指令，尽管多点触控系统可以同时处理最多 11 个触摸指令——你可以在用 10 个手指点击屏幕的同时，把鼻子也凑上来。很显然，iPhone 的屏幕空间太小，无法支持这个动作。我们想，iPad 上应该有足够的显示区域可以供 5 个手指同时发出触摸指令。

斯科特想要弄清楚这种“五手指”手势应该是什么样子的。斯科特希望针对 iPad 的大屏幕进行调查，以便更好地利用多点触控技术，降低使用多个应用程序的难度。我们已经在 iOS 4 上取得了运行多应用程序的进展，斯科特希望在 iPad 上以一种友好的方式推荐给用户。他给我即将开发的 iOS 5 提出了一个目标：为 iPad 增加多点触控多任务的手势。我签字确认接手这项工作。

几周后，我制作了三个早期版本的 iPad 多任务手势的示例程序：

（1）左右滑动，无须返回主屏幕即可实现在最近使用的应用程序之间切换。

（2）向上滑动，显示你最近使用的程序的列表图标。

（3）蜷缩，从当前程序界面返回主屏幕。

到底什么是“蜷缩”？我用这个单词来形容你的手指在屏幕上做出的抓取的动作，就好像你正在用的程序是一张纸，你要把它揉成一团，扔到废纸篓里一样。你知道的，这就是蜷缩。

经过几星期的改进和多轮示例演示，我们对滑动、俯冲以及蜷缩等手势的表现很满意。我们已经做好向史蒂夫展示的准备了。

2010 年秋，我走入密室，准备对 iPad 多任务手势的示例程序做展示。史蒂夫、斯科特、格雷格和亨利已经在密室里了。同往常一样，史蒂夫坐在办公座椅上，他看起来十分瘦弱，但我没办法判断他的身体当时是否不舒服。斯科特、格雷格和亨利坐在脏兮兮的会议室沙发上，面向史蒂夫。

我知道当斯科特结束他的介绍后，我将立刻开始简短的介绍。我本来计划说“这就是斯科特谈到的多任务手势。我们有三个……”但是当史蒂夫意识到我们的主题是关于 iPad 多任务手势时，他打断了斯科特，说他自己也在考虑这个问题，并且已经想出了从当前程序界面回到主屏幕的方法。他接着详细地阐述了自己的想法，他在自己的面前挥舞着一只手，好像在打一只苍蝇。挥舞了一两次后，他更细致地展示了这个姿势，他把手放低，手掌张开平行于地面。接着他的指尖收回朝向自己，整个手呈一个杯子的形状，然后他向上提起手腕，就好像他在把程序拽走一样。

能看到史蒂夫亲自阐述想法实在是太棒了，他的展示也非常清晰和直观。只有一个问题，我并没有做这个示例程序。我设计的返回主页面的姿势是 5 个手指“蜷缩”，而不是史蒂夫的轻轻拽动。我不知道我该说什么或者做什么。

斯科特替我解了围。他向史蒂夫解释道，我已经在开发多任务手势的工作上忙了好一阵子，可以演示示例程序了，他应该看一下我们的工作成果。

我把手上的 iPad 唤醒，向史蒂夫的办公座椅前走了一两步，把 iPad 屏幕面向他放置好，左前臂撑住 iPad 并用手指抓紧 iPad 的右下缘——我当然不想因为抓不住 iPad 而让它倒在史蒂夫的膝盖上。在通过史蒂夫的肢体语言确认他明白我的意思后，我点击了屏幕上的图标，开启了一个程序。接着我将右手手掌贴近屏幕，强调了一下伸开的手指。当我的手接近屏幕时，我把手放松了一点儿，让手指呈现自然的弧度，这样 5 根手指可以同时接触屏幕表面。当手指接触屏幕后，我慢慢地蜷缩，将所有手指聚拢到一起。这时，应用程序开始收缩，随着我手势的缩小而逐渐缩小，直到我松开手，我们回到了布满图标的主屏幕界面。

史蒂夫从我手上拿走 iPad，把双脚放在身前的地板上，将 iPad 放置在膝盖上，然后尝试开启和蜷缩应用程序。他在蜷缩后手指离开屏幕时有点儿用力过猛。说实话，这看起来有些好笑，但是我最关心的是每一个动作是否如预期那样运行良好。

他感觉很满意，他的从善如流再一次让我印象深刻——当发现其他可行方案时，他可以立刻放弃自己原有的看法。我们接着看剩下的两个手势：向上滑动以显示最近使用的应用程序、左右滑动以在最近使用的应用程序之间切换。我提到左右滑动手势有点儿像他提出来的“赶苍蝇”，这一次史蒂夫没有回应。他只是继续认真地看着屏幕，做着手势。

没过多久，史蒂夫发现了我在左右滑动手势里面增加的一个细节。当你向左或向右滑动时，满屏幕的应用程序在左右侧边缘之间滑行。在任意某个时刻，屏幕上只会显示两个应用程序的一部分——你正在使用的程序和你即将滑向的程序。当我们在设计这种程序转盘时，我们决定，如果你是从主屏幕界面上点击图标进入当前程序的，那么向右滑动不会再显示另外的应用程序。因为设计这种左右滑动手势的目的是帮助你快速进入最近使用的应用程序，而你刚刚从主屏幕界面中点击进入的就是最近打开的程序，那么不应该有更多的应用程序。这个想法的灵感来自 iOS 中滚动列表抵达最底部时的反弹。我为左右滑动手势创造了一个弹性动画，当你试着将最近打开的应用向右滑动时，它就好像是用橡胶做成的一样，当前应用的界面会被拉伸，当你的手指离开屏幕时，界面会恢复原有形状并发出“布鲁、布鲁”的声音。我自己认为，这种效果清晰地传达了在这个方向上没有更多应用程序的意思。

我觉得这个弹性动画非常酷，但是斯科特很讨厌它。他认为我们不应该拉伸应用程序界面，因为它们的开发者完全无法控制，这是在剥夺开发者的自由。他本可以坚持让我移除这项功能，但我猜他感受到了我的热情，所以没有这样做。

相反，史蒂夫很喜欢它。当他发现这个弹性动画时，他在椅子上坐直了一点儿，iPad 仍然停留在他的膝盖上，他伸出双手，把 10 个手指都放在屏幕前。他的眼神一直聚焦在 iPad 的显示屏上，没有向其他地方看一眼，然后他宣布了自己对这个弹性效果的评价：

“这个动画效果……很‘苹果’。”

自己做决定

几个月后，在一次与亨利讨论 iPad 后续工作的例行一对一会议上，我向他建议也许应该向史蒂夫再做一次示例演示，既然软件开发已经进入尾声，那么是时候再向他展示一下最新的多任务手势了。在交付 iOS 5 之前，他可以再给我们一点儿反馈。

亨利摇了摇头，对我说：“此时此刻，我想我们应该自己决定多任务手势的最终版本了。”

我们在几分钟后结束了对话，当我走出亨利的办公室返回大厅时，脑海中再次响起亨利的话：

“此时此刻……”

我突然明白，亨利知道，史蒂夫不会再回来了。

大约 6 个星期后，史蒂夫从苹果首席执行官的位置上辞职。大约又过了 6 个星期，他离开了这个世界。

后记

多年来，任职于苹果公司使我的财务状况始终良好，我从一群才华横溢的同事身上受益良多，并在全球范围内推广了我的软件。史蒂夫·乔布斯一心一意地专注于制造伟大的产品，他的远见激励了我，让我的工作一切顺利。

在本书中，我花了很多时间叙述我在苹果的职业生涯中得到的经验。我在书中写到的最重要的经验就是一个群体和这个群体创造的文化是如何统一的。史蒂夫去世后，苹果软件开发文化开始改变。随着时间的流逝和其他同事的变动，文化发生了更多变化。到 2017 年我在苹果公司的最后一天，本书中提到的人大多数都已经离开公司，各奔前程，更重要的是，我再也没有机会像我在书中讲的那样一起与他人合作了。在写这篇文章时，我仍然感觉到自己与苹果、它的产品以及近年来与我共事的人有着紧密的联系，但现在是时候向前看了。

在辞职前的几星期，我忙于最后一个项目，即伦敦设计博物馆的展览工作。作为“加利福尼亚：设计自由”展览的一部分，苹果也将 iPhone 作为展品，这次展览将展示美国从 20 世纪 60 年代的“反文化”运动到硅谷的高科技对当时美国西海岸的影响。我的任务是恢复最初的键盘自动纠错代码，作为我们 10 年前发明的多点触摸操作系统的一个案例。我从源代码档案中检索到了这个软件，并使其在一个现代版本的 iOS 上运行，这样，一些苹果设计师可以在为博物馆展览制作高分辨率键盘动画时参考它。我很高兴看到这段代码，这是我最后一次为它工作了。

现在我已经离开苹果，把大量的时间用在撰写本书上，我的思绪转向了未来。

当寻找新问题的新解决方案时，我建议大家使用我提到过的工具：基本元素、创意选择和围绕它们构建的文化。当然，你可以使用任何一组工具来完成或优或劣的工作，或者使用它们来实现有价值的目标或琐碎的目标。我们应该明智地选择，因为 iPhone 展示了一个成功的产品可以带来的社会影响——无论好坏。

我想在读者的职业生涯开始时给他们写一封信。你可能会告诉自己想从事产品开发工作，你可能有在其他领域做大事的计划。不管怎样，我都要给你提出一些建议：忙起来。想清楚做一件伟大的工作意味着什么，然后努力实现它。成功从来不是确定的，努力的过程也绝不容易，但如果你喜欢正在做的事情，那么它就不再困难。

致谢

我要对以下诸位致以诚挚的谢意。

感谢圣马丁出版社的蒂姆·巴特利特。这本书得以问世是因为他选择相信一个初出茅庐的作家。感谢金·斯科特将我介绍给蒂姆并一直支持我。感谢圣马丁出版社的艾丽斯·普法伊费尔，她乐于助人，很有耐心，回答了我所有的问题。感谢圣马丁出版社的艾伦·布拉德肖在编辑和校对方面的帮助。感谢尼克·迪特莫尔和比安卡·巴尔姆汉姆安排所有页面插图，并感谢盖伊·希尔德绘制它们。感谢安迪·马图沙克和朱莉·惠特尼阅读了初稿并提供了宝贵的反馈意见。

感谢我在苹果的同事和朋友们。人数实在太多，恕我无法一一列举，但你们知道我在感谢你们。我可能是个内向的人，但我如果喜欢和你一起工作，就会这么说：“谢谢各位，你们给了我最快乐的时光。”

谢谢我的妻子琼，她始终是我最快乐的源泉。

注释

第 2 章　初入苹果

1. Free Software Foundation, *GNU Operating System*. [Online]. Accessed November 12, 2017. Various pages on this website provide the history, the philosophy, and licenses for the GNU Project. https://www.gnu.org

2. Steven Levy, *Insanely Great, the Life and Times of Macintosh, the Computer That Changed Everything* (New York: Penguin Books, 1994). The Mac has been an inspiration to me from the moment I first saw one in college in 1984, and if Steven hadn't written his book about how the people at Apple created it, you wouldn't be reading this book right now.

3. David Winton, *Code Rush*: *Full Film*. Vimeo. [Online]. PBS Home Video, Winton Dupont Films, April 25, 2000. Accessed November 12, 2017. One of my favorite scenes from the documentary showed Don walking across the Netscape campus in the fading light of early evening. A colleague, Tara Hernandez, was along for the the jaunt, and she was toting a hockey stick for reasons unexplained. They were off looking for a wayward software engineer who possessed an arcane bit of knowledge that might fix one of the few remaining bugs preventing Netscape from shipping the browser

code. When they found the engineer's cube, which was stacked high with empty Coca-Cola cans and other detritus, its owner was nowhere to be found. Where was this guy? Nobody knew. A cube neighbor of the not-found engineer, who had seen the engineer earlier in the day, heartily joined in the pronouncement of impending "Doom!" I thought it was a great show, the stuff of Silicon Valley legend. https://vimeo.com/8235099

4. Sam Williams, *Free as in Freedom*: *Richard Stallman*'s *Crusade for Free Software* (Sebastopol, CA: O'Reilly & Associates, 2001). https://www.oreilly.com/openbook/freedom/index.html
5. Wikipedia contributors, "Gratis versus Libre," *Wikipedia*, *The Free Encyclopedia*, https://en.wikipedia.org/w/index.php? title=Gratis_versus_libre&old id=840748752. Accessed May 14, 2018.
6. David Flanagan, *JavaScript*: *The Definitive Guide*, 3rd ed. (Sebastopol, CA: O'Reilly Media, 1998). O'Reilly & Associates books were ubiquitous in 1990s high tech. All the programmers I knew had these books and cherished them. While I haven't actually referred to my second edition of *Programming Perl* ("the camel book") in many years, I keep it by my desk out of sheer love and nostalgia.
7. "Steve Jobs Announces the Microsoft Deal—Macworld Boston" (1997). *YouTube*: *EverySteveJobsVideo*. [Online]. Accessed November 12, 2017. This keynote was presented at Macworld Boston on August 6, 1997, at the Bay-side Expo & Executive Conference Center. Cue to 30m 20s to see Bill

Gates. https://www.youtube.com/watch? v=almoJa_c_FA

8. James Daly, "101 Ways to Save Apple," *Wired*, June 1, 1997. The word "Pray" appeared on the cover of the magazine, but the article itself was titled "101 Ways to Save Apple." The advice was mostly wrong or dopey (#1. Admit it. You're out of the hardware game.... 24. Pay cartoonist Scott Adams $10 million to have Dilbert fall in love with a Performa repairwoman.... #73. Rename the company Papaya), but it does turn out that #50 did the trick: "Give Steve Jobs as much authority as he wants in new product development." https://www.wired.com/1997/06/apple-3/
9. "What Makes a 10x Programmer/Software Engineer?" *Quora*. [Online]. Accessed November 12, 2017. https://www.quora.com/What-makes-a-10x-programmer-software-engineer. "Are You a 10x Programmer? Or Just a Jerk?" *The New Stack*. [Online]. Accessed November 12, 2017. https://thenewstack.io/10x-programmer-just-jerk/. Love the title. It communicates the doubt many in the industry feel about 10x programmers.
10. Frederick P. Brooks Jr., *The Mythical Man-Month*: *Essays on Software Engineering*, Anniversary Edition (Reading, MA: Addison-Wesley, 1995), p. 17.

第 3 章　第一次"尤里卡时刻"

1. WebKit, "Timeline." [Online]. Accessed November 14, 2017. My memory is good, but it's not good enough to remember exact line counts to the

level of accuracy I wanted for the text. I referred to the open source WebKit repository for assistance on dates, chronology, files, names, commit comments, and the like. https://trac.webkit.org

2. Ryan Tate, "Apple Just Ended the Era of Paid Operating Systems," *Wired*. [Online]. Accessed October 22, 2013. https://www.wired.com/2013/10/apple-ends-paid-oses/

3. Elmer Ellsworth Burns, *The Story of Great Inventions* (New York: Harper & Brothers, 1910), pp. 121-124.

4. Steven Johnson, *Where Good Ideas Come From: The Natural History of Innovation* (New York: Riverhead Books, 2010).

5. Paul Israel, *Edison: A Life of Invention* (New York: John Wiley & Sons, 1998). Of particular interest is the text on pages 168, 188, and 217.

6. James Newton, *Uncommon Friends: Life with Thomas Edison, Henry Ford, Harvey Firestone, Alexis Carrel & Charles Lindbergh* (New York: Harcourt, 1987), p. 24. Apparently, the author, James Newton, was on the scene when Edison made this statement about inspiration and perspiration. However, the quotation I cite is part of a lengthy back-and-forth with a reporter who was questioning Edison on the occasion of his birthday in 1929, and I doubt the author had a notebook to take down what Edison said. So, did Edison really talk about his working method exactly as we say that he did? I don't know, but posterity seems to be voting in the affirmative, and by using this quotation again myself, I realize I'm just adding another log onto the fire.

第 4 章　乔布斯要的是速度更快

1. Donald E. Knuth, *The Art of Computer Programming* (Boston: Addison-Wesley, various years).

2. Donald Knuth, "Structured Programming with go to Statements," *ACM Computing Surveys* 6, no. 4 (1974): 261-301. I love how Knuth's famous statement on optimization comes in an article that references one of the other most famous statements in computer science, that from the age of "structured programming," the assertion made by E. W. Dijkstra in his article "Go To Statement Considered Harmful." That article can be found by consulting your friendly neighborhood search engine. I found it here: http://www.u.arizona.edu/~rubinson/copyright_violations/Go_To_Considered_Harmful.html

3. Cliff Edwards, "Commentary: Sorry, Steve: Here's Why Apple Stores Wont' Work," *Bloomberg Business Week*, May 20, 2001. [Online]. Accessed November 13, 2017. https://www.bloomberg.com/news/articles/2001-05-20/com mentary-sorry-steve-heres-why-apple-stores-wont-work

4. "Steve Jobs Introduces 12" -17 "PowerBooks, iLife & Safari—Macworld SF" (2003). YouTube: EverySteveJobsVideo. [Online]. Accessed November 13, 2017. This keynote was presented at Macworld Expo SF on January 7, 2003, at the Moscone Convention Center, San Francisco. Cue to 3m43s to hear Steve discuss Apple Store performance. https://www.youtube.com /

watch? v=5iOWA2wEFPE

5. David Foster Wallace, *String Theory*: *On Tennis*: *Five Essays* (New York: Little, Brown, 2014). Is my passage about Vince Lombardi an attempt to channel Wallace? Yeah, maybe. The piece I'm thinking about the most is the one about Tracy Austin, published in this volume as "How Tracy Austin Broke My Heart."This piece appeared originally on August 30, 1992, in the *Philadelphia Enquirer*. The banal baseball quote I used is modeled closely on one Wallace used in his story.
6. John Eisenberg, That First Season: *How Vince Lombardi Took the Worst Team in the NFL and Set It on the Path to Glory* (Boston: Houghton Mifflin Harcourt, 2009), p. 76 (chapter 7).
7. Ibid.
8. *Lombardi.* HBO Sports, NFL Films, 2010. I couldn't obtain a full copy of this film. I found what appears to be an excerpt on YouTube at https://www.youtube.com/watch? v=ILrJenuiYF0, and I could only deduce this clip came from the HBO production. I recognized Liev Schreiber's voice, and other sources confirm that he did indeed provide narration for the film. In addition, one other clip of Jerry Kramer shows him in the identical setting as a trailer for the film available on HBO's website. I am reasonably confident this citation is correct. I wish I could watch this HBO film in full. I reviewed a wealth of other Lombardi resources while researching this book, and these few clips from this truncated excerpt are among the best.

The review of the film by Richard Sandomir that appeared in the *New York Times* on December 10, 2010, under the title "The Loud, and Memorable, Voice of Lombardi," cites NFL Films as "the main repository for film of Lombardi as a coach." Presumably, a more determined researcher than I could nail down these clips by approaching HBO or NFL Films. Off you go.

9. "Vince Lombardi Teaches the Power Sweep Part 1," *YouTube*: *Football Coaching*. [Online]. Accessed November 14, 2017. I wish I could obtain a full copy of Vince Lombardi's *The Science and Art of Football*. For the sake of nostaligia, a 16mm print would be ideal, to be viewed in a darkened room, with the light of the projector revealing chalk dust in the air. Sadly, I could only find excerpts of this film on YouTube. I found the film's introduction and portions describing the Power Sweep at https://www.youtube.com/watch?v=uv4CXySXxCk.
10. *Lombardi*, HBO Sports.

第5章　困境中的挣扎

1. Tracy Kidder, *The Soul of a New Machine* (New York: The Modern Library, 1997), pp. 82-83.
2. Wikipedia contributors, "White-Naped Xenopsaris," *Wikipedia, The Free Encyclopedia*, https://en.wikipedia.org/w/index.php? title=White-naped_xe nopsaris&oldid=833595068. Accessed November 14, 2018. I edited the original HTML source to simplify it.

第6章　神秘的 Purple 项目

1. *NBC Nightly News with Brian Williams*. May 25, 2006. http://www. nbcnews. com/id/12974884/#.Ww3STy-ZP1I. This is such an apt summation of Steve's work philosophy that, after his death, when the company put up a remembrance to him in the atrium of Infinite Loop Building 4 on the Apple campus in Cupertino, these were the only words chosen for display.
2. Freddy Anzures and Imran Chaudhri, Graphical user interface for a display screen or portion thereof. U.S. Patent D604,305, filed June 23, 2007, and issued November 17, 2009. This is the design patent describing SpringBoard, the iPhone home screen icon launcher program. http:// patft1.uspto.gov/netacgi/nph-Parser?patentnumber=D604305; Bas Ording, List scrolling and document translation, scaling, and rotation on a touch-screen display. U.S. Patent 7,469,381, filed December 14, 2007, and issued December 23, 2008. This is the patent describing inertial scrolling. http:// patft1.uspto.gov/netacgi/nph-Parser?patentnumber=7469381; Matt Brian, "The Apple Patent Steve Jobs Fought Hard to Protect, and His Connection to Its Inventor," *The Next Web*, August 7, 2012. Accessed November 19, 2017. https://thenextweb.com/apple/2012/08/07/the-apple-patent-steve-jobs-fought-hard-to-protect-and-his-connection-with-its-inventor/
3. "Crackberry," *Urban Dictionary.* Accessed November 14, 2017. https:// www .urbandictionary.com/define.php?term=Crackberry

4. Kenneth Kocienda et al., Keyboards for portable electronic devices. U.S. Patent 7,694,231, filed January 5, 2006, and issued April 6, 2010.

第 7 章　第二次“尤里卡时刻”

1. Mat Honan, “Remembering the Apple Newton’s Prophetic Failure and Lasting Impact,” *Wired*, August 5, 2013. https://www.wired.com/2013/08/remembering-the-apple-newtons-prophetic-failure-and-lasting-ideals/. Accessed November 14, 2017.

2. Wikipedia contributors, “International Talk Like a Pirate Day,” *Wiki pedia, The Free Encyclopedia*, https://en.wikipedia.org/w/index.php?title=International_Talk_Like_a_Pirate_Day&oldid=831048898. Accessed November 14, 2017.

3. Wikipedia contributors, “QWERTY,” Wikipedia, *The Free Encyclopedia*, https://en.wikipedia.org/w/index.php?title=QWERTY&oldid=842348998. Accessed May 14, 2018.

4. Samantha, Today I Found Out, “The Origin of the Qwerty Keyboard,” January 7, 2012. http://www.todayifoundout.com/index.php/2012/01/the-origin-of-the-qwerty-keyboard/. Accessed May 14, 2018.

5. Wikipedia contributors, “Critique of Judgment,” *Wikipedia, The Free Encyclopedia*, https://en.wikipedia.org/w/index.php?title=Critique_of_Judgment&oldid=842429054. Accessed November 14, 2017; Immanuel Kant, *Kant’s Critique of Judgement*, translated with Introduction and Notes by J.H.

Bernard, 2nd ed. revised (London: Macmillan, 1914). Originally published 1892. http://oll.libertyfund.org/titles/1217. Accessed November 14, 2017.

6. *Kant, Kant's Critique of Judgement*, p. 62.

7. Quoted in Rob Walker, "The Guts of a New Machine," The New York Times Magazine, November 30, 2003. http://www.nytimes.com/2003/11/30/magazine/the-guts-of-a-new-machine.html. Accessed November 14, 2017.

8. Richard P. Feynman, "Atoms in Motion," in Richard P. Feynman, Robert B. Leighton, and Matthew Sands, T*he Feynman Lectures on Physics, Volume I*. http://www.feynmanlectures.caltech.edu/I_01.html. Accessed November 14, 2017.

第 8 章　收敛阶段

1. Kenneth Kocienda et al., Method, Device, and Graphical User Interface Providing Word Recommendations for Text Input, U.S. Patent 8,232,973, filed June 30, 2008, and issued July 31, 2012. http://patft1.uspto.gov / netacgi/nph-Parser?patentnumber=8232973.

2. Wikipedia contributors, "Bugzilla," *Wikipedia, The Free Encyclopedia,* https://en.wikipedia.org/w/index.php?title=Bugzilla&oldid=841348601. Accessed November 15, 2017.

3. stopdesign, creative outlet of Douglas Bowman, "Goodbye, Google," March 20, 2009. http://stopdesign.com/archive/2009/03/20/goodbye-google.html. Accessed November 15, 2017.

4. Charles Darwin, *The Origin of Species* (New York: Collier & Son, 1909), pp. 45-46. I obtained a digital scan of this edition at https://ia902205.us.archive.org/19/items/originofspecies00darwuoft/originofspecies00darwuoft.pdf.

5. Wikipedia contributors, "Seagull Manager," *Wikipedia, The Free Encyclopedia.* https://en.wikipedia.org/w/index.php?title=Seagull_manager&oldid=838557671. Accessed November 15, 2017. The original source for this notion appears to come from a book titled *Leadership and the One Minute Manager* by Ken Blanchard, published in 1985.

第 9 章　革命性产品：iPhone

1. "Steve Jobs Introduces the Original iPhone at Macworld SF (2007)," *YouTube: EverySteveJobsVideo*. https://www.youtube.com/watch?v=-3gw1XddJuc. Accessed November 16, 2017. Cue to 21m45s to hear Steve begin his iPhone introduction. I believe the cue point isn't forty-one minutes because copyrighted content was shown on keynote day that can't be reproduced on YouTube.

2. "Steve Jobs Introduces Original iPad—Apple Special Event (2010)," *YouTube: EverySteveJobsVideo*. https://www.youtube.com/watch?v=_KN-5zmv jAo. Accessed November 16, 2017. This keynote was presented on January 27, 2010, at the Yerba Buena Center for the Arts in San Francisco. Cue to 1h30m to hear Steve talk about the intersection.

3. Robert X. Cringely, *Steve Jobs: The Lost Interview*. Furnace, Public Broadcasting Service (PBS) (as NerdTV), Oregon Public Broadcasting, John Gau Productions, 2012. Cue to 57m to hear Steve talk about proportionally spaced fonts on the Mac. http://www.magpictures.com/stevejobsthelostinterview/.
4. "Star Wars Blasters Sound Effect. How They Did It," *YouTube: tedmerr.* https://www.youtube.com/watch?v=fl0wIdGxfbQ. Accessed November 16, 2017; "The Story Behind the Creation of the Lasergun Sound in Star Wars." Filmsound.org. http://filmsound.org/starwars/lasergunstory.htm. Accessed November 16, 2017. "Sound Design of Star Wars." Filmsound.org. http://www.filmsound.org/starwars/.
5. Wikipedia contributors, "Ben Shneiderman," *Wikipedia, The Free Encyclopedia*, https://en.wikipedia.org/w/index.php?title=Ben_Shneiderman&old id=838578865. Accessed November 16, 2018. Wikipedia contributors, "Direct Manipulation Interface," *Wikipedia, The Free Encyclopedia*, https://en.wikipedia.org/w/index.php?title=Direct_manipulation_interface &oldid=831492190. Accessed November 16, 2017.
6. Wikipedia contributors, "The Magical Number Seven, Plus or Minus Two," *Wikipedia, The Free Encyclopedia*, https://en.wikipedia.org/w/index.php?title=The_Magical_Number_Seven,_Plus_or_Minus_Two &oldid=841444468. Accessed November 16, 2017. George A. Miller, "The Magical Number Seven, Plus or Minus Two: Some Limits on Our Capac-

ity for Processing Information," *Classics in the History of Psychology*. http://psychclassics.yorku.ca/Miller/. Accessed November 16, 2017. The article reproduced on this website was first published in *Psychological Review* 63 (1956): 81-97.

7. Steven P. Jobs et al., Touch screen device, method, and graphical user interface for determining commands by applying heuristics. U.S. Patent 7,479,949, filed April 11, 2008, and issued January 20, 2009. http://patft1.uspto.gov/netacgi/nph-Parser?patentnumber=7479949.
8. Ibid. The text I cite is in column 75, starting on line 39.
9. "Ballmer Laughs at iPhone," *YouTube*: *smugmacgeek*. https://www.youtube.com/watch?v=eywi0h_Y5_U. Accessed November 16, 2017.

第 10 章　最后一次做示例演示

1. Apple Newsroom, "Steve Jobs Resigns as CEO of Apple," August 24, 2011. https://www.apple.com/newsroom/2011/08/24Steve-Jobs-Resigns-as-CEO-of-Apple/. Accessed November 16, 2017. Apple Newsroom, "Letter from Steve Jobs," August 24, 2011. https://www.apple.com/newsroom/2011/08/24Letter-from-Steve-Jobs/. Accessed November 16, 2017. Apple Newsroom, "Apple Media Advisory," October 5, 2011. Accessed November 16, 2017.